誰も教えてくれなかった儲けの秘密

億万長者への道は経済学に書いてある

The Road to Riches is Founded in Economics

経済評論家
加谷珪一

CROSSMEDIA PUBLISHING

はじめに

偉大な経済学者**ケインズ**は**株式投資**で**数十億円**を儲けた

「量的緩和策の仕組みや財政出動の効果について、しっかり理解できていれば、あなたは1億円を手にしていたはず」

こう聞くと、皆さんはどのように感じるでしょうか。

極端な話と思った人もいるかもしれませんが、実はそうでもないのです。

これらの理屈が分かっていれば、アベノミクス相場やトランプ相場において、かなりの確率で大儲けができたはずですし、実際、経済学の知識があった人は、いち早く行動に移して大きな利益を得ています。

本書の主題は「経済学」の知識を使って「利益を得る」ことです。

ほとんどの人にとって、「経済学」と「お金儲け」は、あまり結びついていないと思います。株式投資を積極的に行っている個人投資家に話を聞けば、「経済学なんか勉強しても投資には役に立たないよ」と一刀両断にされるのがオチでしょう。一方で、経済学に詳しい人は、たいていの場合、投資とはまったく無縁の世界に生きています。

つまり経済学を勉強する人と、投資をする人は人種が違うということなのですが、はたしてこれは合理的なことなのでしょうか。筆者はそうは思いません。

筆者の仕事は経済評論家ですので、経済やビジネスに関するコラムを執筆したり、メディアにコメントを出すのが仕事です。

これに加えて筆者には、個人投資家というもうひとつの肩書きがあります。

筆者は経済評論の傍ら、個人投資家として日常的に億単位の株式・債券投資を行っています。当然のことながら、市場の見立ては、経済評論家として経済を分析した結果をベースにしています。

筆者の中では、マクロ経済を分析することと、これから上がりそうな銘柄を探すという行為は完全に一致しています。もちろん経済が分かったからといって、どの銘柄が上がるのか正確に予測することはできません。しかし投資というのは、タイミングが重要であり、市場全体の動きを知ることができれば、勝率はグンと上がるものです。この部分においてマクロ経済の知識はとても役に立ちます。

経済学と投資が結びつかないのは、経済学の世界があまりにも無機質であることと深く関係しているでしょう。経済学はお金に関する学問ですが、用いる用語は抽象的で、なかなか現実の経済活動と結び付けて考えることができません。

これは非常にもったいないことだと筆者は考えます。

経済学はお金に関する学問なのですから、その内容が投資の役に立たないわけがありません。せっかく経済学を学んでも、ただそれを暗記するだけにとどまっていては、まさに宝の持ち腐れといってよいでしょう。

もっとも偉大な経済学者であるジョン・メイナード・ケインズ氏は個人投資家としても知られており、学術研究の傍ら積極的に株式投資を行い、今の貨幣価値で数十億円（計算方法によって幅が出る）もの資産を作りました。かのケインズ氏と同じようにはいきませんが、私たちも努力すれば、経済学の知識を現実の投資やビジネスにもっと生かせるはずです。

本書は全部で5つの章で構成されています。

序章では、株価が基本的に名目GDP（国内総生産）に沿って動いていることや、為替が購買力平価に連動していることなど、経済学と市場の動きの関係性について解説しました。経済学の基礎的な知識があれば、アベノミクス相場やトランプ相場で利益を上げることができた理由についても解説しています。

第1章から第4章までは、それぞれ経済学の基本についてまとめました。各項目の前半は経済学の基礎知識、後半は投資への応用という構成になっています。

第1章では、すべての基礎となるGDP（国内総生産）について解説しています。貯蓄と投資が一致するという概念や、GDPの三面等価についても言及しました。

第2章では、マクロ経済の中で大きな位置を占めているIS-LM分析を取り上げました。この項目が理解できれば、経済政策がもたらす効果について、かなりの部分まで筋道立てて予想できるはずです。

第3章では物価の動きを取り上げます。現実には物価動向が経済に大きな影響を与えます。長期と短期での影響の違いについても解説しました。

第4章は主に国際収支についてです。経常赤字や経常黒字はよくニュースで取り上げられますが、必ずしも赤字が悪いこととは限りません。トランプ政権がしかける貿易戦争についても冷静に対処できると思います。

投資の世界では負けないことがとても大事です。

長期的に見た場合、経済や株価は基本的に成長していくものであり、大きな失敗をしなければ、かなりの確率で資産を増やすことができます。

経済学の基礎知識は負けないための重要な手段であり、これが最終的に大きな利益をもたらすことになります。

序章 経済学は儲けの学問だ！——13

2章 「金利」が分かれば経済が読める——97

3章 「物価」で決まる儲けのチャンス———151

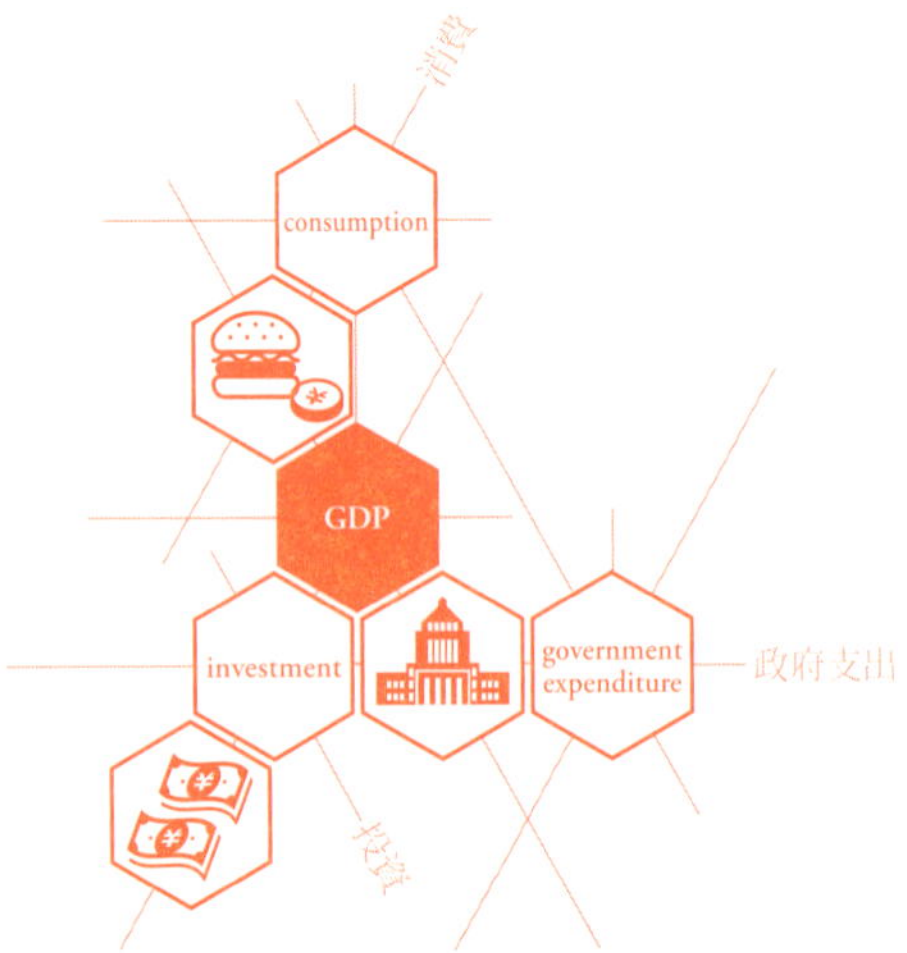

カバー・本文デザイン／鳥越浩太郎
イラスト／奈良裕己

Prologue 00

序章 「知識の量」が「富の量」に変わる

経済学は儲けの学問だ!

経済学を学べば株価を予測できる

まずは次ページの株価チャートを見てください。

このチャートは、過去20年間における日経平均株価と、日本の名目ＧＤＰの推移を示したものです。名目ＧＤＰは４半期に一度しか発表されないので、日経平均は月足の３カ月分（四半期分）を平均してあります。

日経平均株価はたいていの期間において、ＧＤＰの動きと一致しています。

日経平均とＧＤＰが大きく乖離したのは２００２年から２００３年にかけてですが、この時には、みずほ銀行の倒産が囁《ささや》かれるなど、金融危機の一歩手前という状況でした。過剰に株価が売り込まれたことには理由があります。

こうした特殊要因を除けば、株価とＧＤＰの動きは基本的に同じであることがお分かりいただけると思います。

このチャートを見て皆さんはどのような感想を持ったでしょうか。

「そんなこと当たり前でしょ」と思った方は、経済学や投資を熟知しているベテラン投資家か、そうでなければ、投資経験の浅い初心者のどちらかでしょう。

　多少の経験がある人ほど「意外だ」という印象を持ったのではないかと思います。

　株価というのは、動く時には経済の動向などお構いなしに動くものであり、経済を勉強しても投資には役に立たないと思っている人が大半です。もちろん経済学を理解できたからといって、それだけで投資で勝てるようになるわけではありません。

　しかし経済学は、世の中で製品やサービスがどのように提供され、そして消費されているのか、その対価としてのお金がどう回っているのかにつ

日経平均株価とGDPの動きはほぼ一致

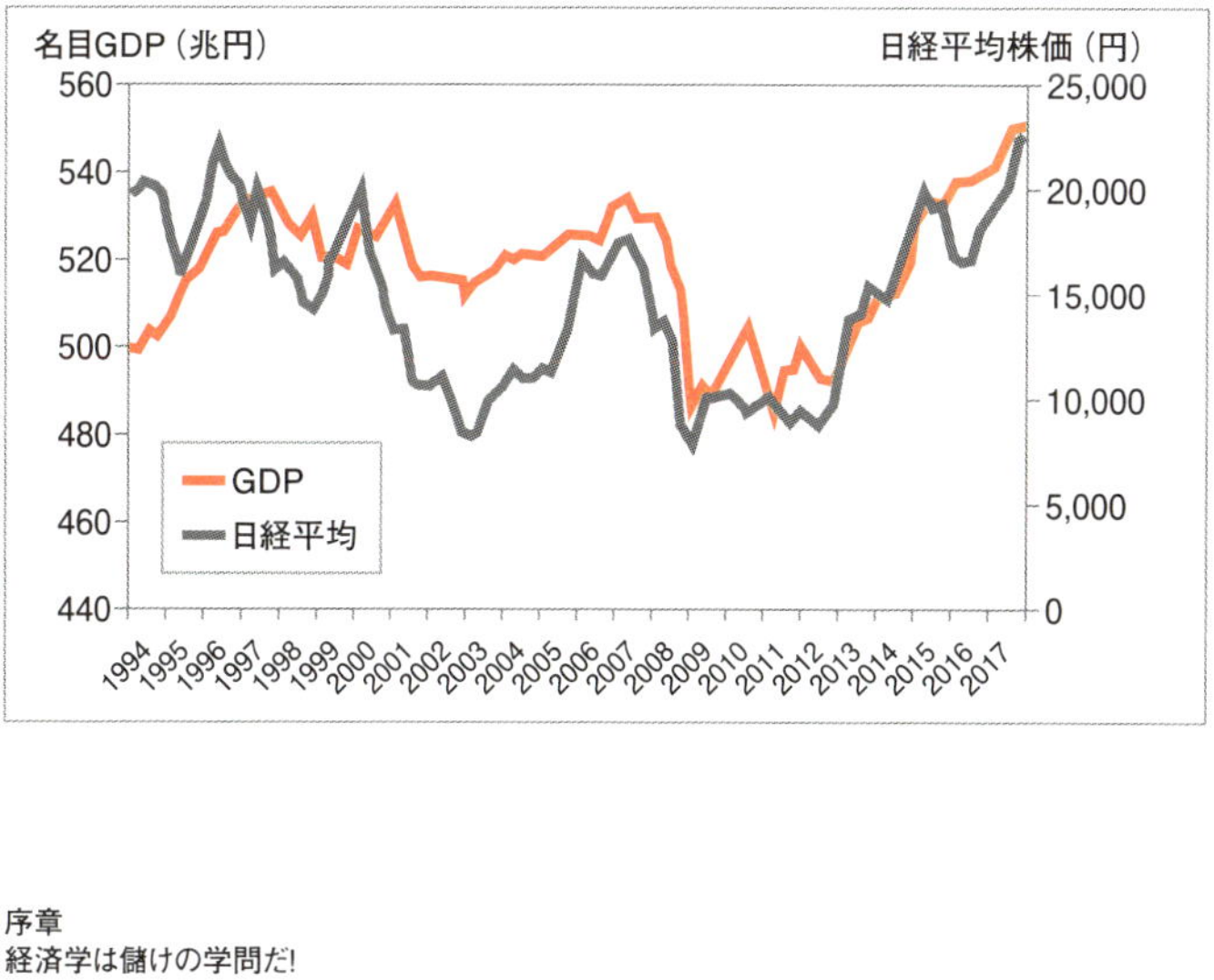

いて全体像を示してくれます。

日経平均株価やTOPIXという株価指数は結局のところ、日本の産業界全体の動きを示したものですから、大きな視点で見れば、株価はたいていの場合、マクロ経済の動向を示す結果となるわけです。

では、GDPに関する情報を使って株価を予想することはできるのでしょうか。

これもある程度までなら可能です。ヒントになるのは企業の設備投資です。

経済学では、お金を支出するという行為について2つに分類しています。ひとつは消費で、もうひとつは投資（設備投資）です。

消費と投資の違いについては、のちほど詳しく説明しますが、設備投資というのは、将来、お金を生み出すために工場や店舗など生産設備にお金を投じる行為を指しています。企業が設備投資を増やすタイミングというのは、景気の先行きに明るい見通しをもっている時です。

つまり設備投資というのは、経済の先行指標となります。

企業の予測が常に当たるとは限りませんが、マクロ経済における設備投資の額が増加し

た後に、日経平均株価が上昇する割合はそれなりに高いと考えてよいでしょう。つまりGDPの設備投資の動向を追っていれば、その後の企業業績や株価の動向をある程度、予測できるわけです。

1年先の株価予測を政治家に提案

財務省は官庁の中でも最強とされ、場合によっては政権を意のままに操ることができると言われてきました。実際にはそこまでの力はなく、最近は公文書の改ざんやセクハラ疑惑など、低次元なところで世間を騒がせていますが、これまで多くの政権が財務省を頼りに政権運営を行ってきたのは事実です。

財務省が政権に対して大きな影響力を行使できるのは、予算というお財布を握っていることが最大の理由ですが、それだけはありません。

財務省は法人企業統計など、GDPの作成に必要となる重要な統計データを管轄していることに加え、マクロ経済の専門知識を持った人材が多数揃っています。

安倍政権は特にその傾向が顕著でしたが、近年の政権は株価動向が政権の存続に極めて大きな影響を及ぼします。政権幹部にとって、今後、株価がどう推移するのかは、もっとも重要な関心事なのです。

財務省は、企業の設備投資の動向や、公共事業の規模などから、常にマクロ経済の動向を分析しており、1年くらい先までなら、かなりの確度で株価を予想することができます。**財務省は、「○月の時点で日経平均が○○円くらいになりそうなので、そのタイミングでこの政策をぶつけましょう」といった提案ができるのです。政治家にとってこれほど有り難い情報はないでしょう。**

こうした手法を駆使することで財務省は、永田町にも大きな影響力を行使することができたわけです。

つまり、私たちも財務省と同じことをやれば、ある程度、株価の見通しを立てることが可能であり、このあたりを熟知している投資家は、実際にこの手法を投資にうまく活用しています。

少なくとも、経済学を学んでも投資にはまったく役に立たないという誤解は解けたのではないでしょうか。

「これから株価が上がります」というサイン

安倍政権のスタートと前後して始まったアベノミクス相場は、多くの株長者を生み出しましたが、一方で、この相場に乗り遅れた人も大勢いたはずです。

筆者はアベノミクス相場において大きな利益を上げることができましたが、これは偶然ではありません。**マクロ経済の理屈を知っていれば、株価が上がる前に、投資を済ませておくことはそれほど難しいことではないからです。**

量的緩和策を中心としたアベノミクスは、実際のところあまりうまく行っているとは言えません。しかし、株式投資の世界には「噂で買って現実を売る」という格言があるように、市場参加者の期待値が重要な意味を持ちます。

つまりアベノミクスがスタートする時に、理屈上、何をしようとしているのかが理解できていれば、同じことを考える投資家は多いはずですから、株価は現実よりも先に動き出すのです。

重要なのは、量的緩和策が持っている経済的な意味です。

量的緩和をします＝株価が上がります

あらためて整理すると、**量的緩和策というのは、日銀が積極的に国債などの資産を買い入れ、市場に大量のマネーを供給するという政策です。**

大量のマネーが短期間に供給されれば、市場にはインフレが発生するのではないかとの期待感が醸成されることになります。

インフレ期待が高まると、株価や不動産価格が上昇し、これが消費を刺激することになります。またインフレ期待の高まりは実質金利を引き下げる効果もあります。実質金利は名目金利から期待インフレ率を引いたものだからです。

経済学の理屈では、金利が下がると企業の設備投資が増えるとされています。**マネーを大量に供給することで、実質金利を引き下げ、設備投資を促進することで経済を成長させようというのが量的緩和策の考え方です。**

大量のマネーが供給されるとインフレになるという話と、期待インフレ率が上がると実質金利が下がって投資が増えるという2つの話が量的緩和策のポイントとなっているわけですが、これはまさに経済学の理屈そのものです。

前者は貨幣数量説（経済学のキホン15を参照）がベースになっており、後者はIS-LM分析（経済学のキホン8などを参照）で用いられるメカニズムです。

実際の株価や不動産価格、企業の設備投資がどう動くのかは別にして、マクロ経済の理屈上、株価の上昇と設備投資の増加というのは、確実に予想できる動きということになります。

量的緩和策の発動と前後して、海外の投資家が真っ先に日本株の「買い」に動いたことにはこうした理論的な背景があります。

繰り返しますが、株は経済の先行指標ですから、実体経済が動いてから投資をしていたのでは遅すぎます。経済が動く前に、それを予想して、先回りすることが何より重要となるわけです。

その点において量的緩和策のような政策は、投資家にとって非常に有り難い存在と言えます。なぜなら、政策の中身が、マクロ経済の理屈そのものであり、株価や為替が（理屈上）どう動くのかシナリオを立てやすいからです。

プロの投資家はシナリオというものをとても重視します。

理屈に基づいたシナリオがあれば、もし実際の株価の動きが予想と違った場合でも、すぐに修正できるからです。

明確なロジックを立てていないと、株価が予想と違った動きを見せた時、そのまま投資を継続すればよいのか、それともすぐに撤退すべきなのか、すぐに判断することができません。

量的緩和策は、マクロ経済的な筋書きがハッキリした政策であり、多くの投資家が同様のシナリオを立てるであろうことは容易に想像ができました。このため政策が打ち出された直後から、多くの投資家が市場に殺到したわけです。

株価が上がり始めると、今度は、動きの遅い投資家が参戦し、株価をさらに押し上げてくれます。初期に投資していた投資家は、その間に、株を売り逃げることが可能であり、下落のリスクを気にすることなく、キャピタルゲインを獲得できることになります。

マクロ経済の理屈を知る人間にとって、量的緩和策発動のタイミングで買い出動しないというのはあり得ない行動だったと言ってよいでしょう。

日本経済は10カ月で上下変動する

最近はあまり議論される機会が少なくなりましたが、景気には循環的な動きが観察されます。ＧＤＰは企業の生産動向や家計の支出など様々な指標で構成されていますが、こうした指標を丹念に分析していけば、景気が循環的に動いていることがよく理解できるはずです。

景気が鈍化すれば投資家は〝利確〟する

現実にこうした指標を詳細に分析するのは骨が折れる作業ですが、有り難いことに多くの専門機関が、各種指標を総合した指数を策定しています。この指数の動きを見れば、経済の動きをかなりの部分まで把握することが可能です。

25ページの図はＯＥＣＤ（経済協力開発機構）が作成した、日本の景気動向を示した指数です。これを見ると、**景気は循環的に動いており、株価との連動性も高いことが分かり**

ます。

例えば、量的緩和策がスタートした2013年の前半は、急激に指数が上昇していることが分かります。しかし指数は年後半から下落に転じており、景気は足踏み状態だったと理解できます。これに伴って株価の上昇も一服するような状況となっていました。

消費税が8%に増税された後、2015年の中頃までは再び株価が上昇基調となりましたが、その後、指数は低下し、株価も1年間は冴えない状況でした。

このタイミングで、アベノミクスの初期段階で投資をしていた外国人投資家の大半は市場から撤退しています。国内では、外国人投資家がアベノミクスを見限ったとされ、アベノミクスの賛成派と反対派で感情的な議論となっていました。

しかしながら、こうした感情的な議論は投資の世界ではあまり意味を持ちません。**投資家というのは、そもそも特定の政治家や政策に感化されたり、入れ込むということはなく、一定の利益が出れば利益確定するのは当然のことです。**

先ほど説明したように、マクロ経済の仕組みを理解している投資家は、量的緩和策の発動と前後して日本株に参戦してきました。

彼等は安倍首相のファンでもなければ、安倍首相が嫌いでもありません。また量的緩和策が、日本の実体経済にどの程度の効果を及ぼすのかについても、それほど興味を持っていなかったでしょう。

マクロ経済的に分かりやすい政策が提示されたので、それに飛び付いただけであり、2015年の中頃の段階では十分に利益が乗った状態となっていました。

景気の循環指標を見ると、2013年とは異なり、数値はあまりよくありません。この段階で一旦手仕舞いし、利益を確定しておくのは、ごく自然な行動です。

こうした動きに対して、アベノミクスが支持されている、支持されていないといった感情的な議論をしても意味がないのです。

景気と株価の連動性は高い

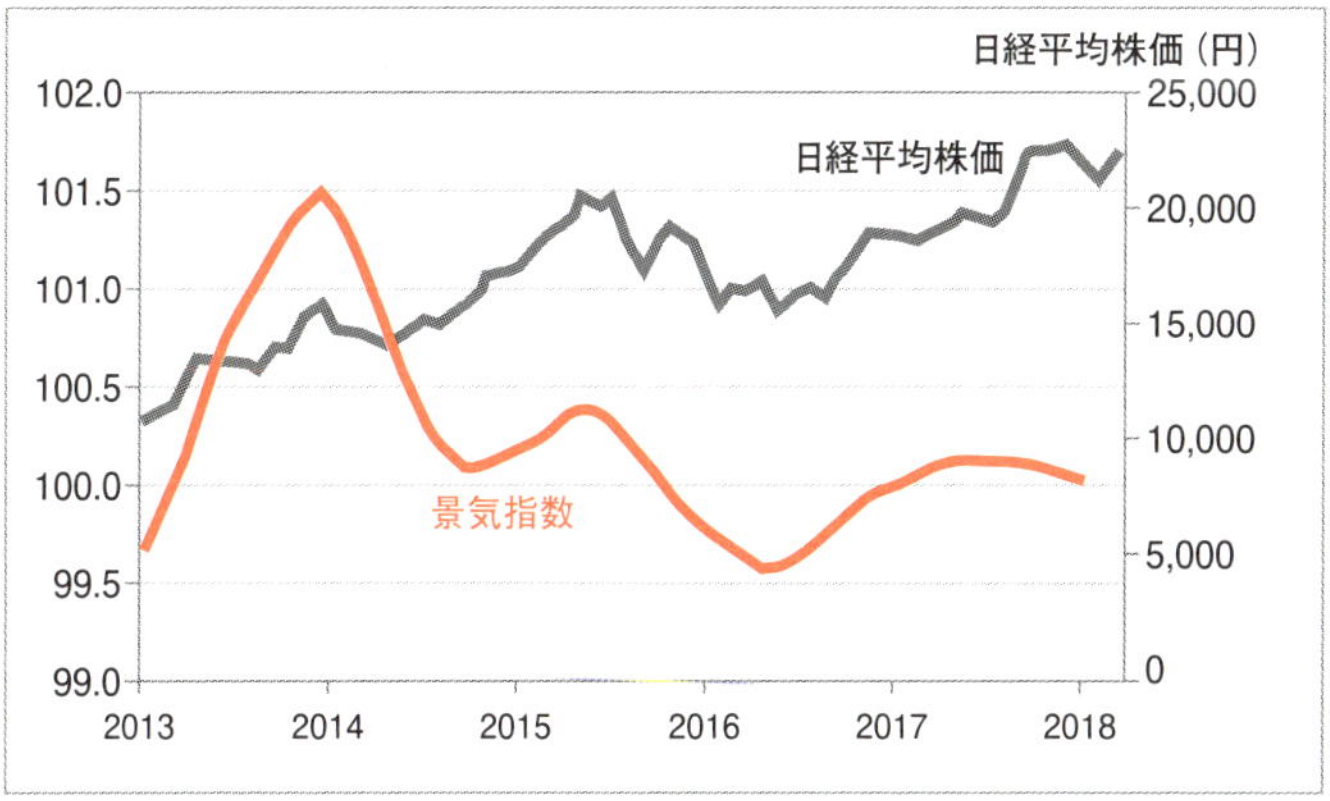

■2019年にかけて景気は折り返し地点へ

その後、日本経済は2016年7月頃をボトムにして再び、循環の上昇過程に入りました。**これまでの動きを見ていると、日本経済は約10カ月程度の期間で上下変動を繰り返していることが分かります。そしてこの動きは、基本的に世界経済の動きとぴったり連動しています。**

2016年の後半から再び株価が上昇を開始したのは、世界景気の循環がプラスの局面に入ったからです。

この事実を知った上で投資をするのと、単に株価の動きを見ただけで投資をするのとでは、気持ちの上での安心感がまったく異なります。投資はメンタルな部分に強く左右されるものであり、精神的に余裕がないと、いざという時に判断を誤ってしまいます。

投資はある意味で負けなければ勝ちという世界です。

株価というのは、よほどのことがなければ上昇していくものですが、非常時に誤った判断をしてしまうと、大きな損失を抱えてしまいます。株式投資で失敗する人はたいていそれが理由です。

マクロ経済の動向を知っている人は、こうした失敗をする確率が低くなりますから、結果的に市場で生き残る可能性も高くなるのです。

これまでの推移を考えると、2016年の夏をボトムとした景気循環は、2017年の秋頃ピークを迎えており、その後、景気の山は徐々に下がっています。これから再び景気が盛り返す可能性もありますが、2018年から19年にかけては、景気の折り返し地点となる可能性も高いことが見て取れます。

比較的慎重な投資家は、2018年の前半で株式を一旦手仕舞っている可能性が高いでしょう。強気を通すというシナリオでも構いませんが、その場合においても、景気循環を理解していれば、景気鈍化のサインが出た段階ですぐに撤退を決断することができるはずです。

トランプ相場は100%勝てるゲームだった

経済を知っていれば、投資で有利な立場に立つことができたという話は、トランプ大統領の誕生によるいわゆるトランプ相場でも観察されました。

多くの人がトランプ相場を見誤った理由

トランプ大統領が誕生する直前の雰囲気は、かなり悲観的でした。識者の中にはトランプ大統領が誕生すれば、株式市場は大暴落し、長期不況に突入すると指摘する人もいたほどです。

しかし一部の投資家は、トランプ氏が選挙に勝利すると同時に米国株を積極的に購入し、大きな利益を上げることに成功しました。筆者も選挙終了後、すぐに米国株を大量に買い増しましたが、ほぼすべての銘柄が大きく上昇しています。

ちなみに筆者は個人的にはトランプ氏が好きではありませんし、トランプ氏の経済政策もまったく評価していません。**しかし、一部の投資家がそうであったように、マクロ経済の理屈で考えれば、トランプ氏が大統領になれば、株価はかなりの確率で上昇することが分かっていました（少なくとも数年というタームでは）。**

これは経済についてドライに判断し、投資を決断しただけであり、トランプ支持、不支持とは何の関係もありません。

ところが世の中の多くの投資家はそうではありませんでした。トランプ氏を好き嫌いで判断してしまい、結果的に大きな投資チャンスを逃しているのです。

トランプ氏が選挙期間中に掲げていた政策は、大規模減税とインフラ投資です。これに加えて、アメリカファーストという、かなり情緒的で曖昧なスローガンを打ち出しており、保護貿易的な政策を実施する可能性が高いという状況でした。

実際、トランプ氏は就任後、大規模減税を実施し、規模を縮小した上でインフラ投資を取りまとめ、中国に対しては貿易戦争をしかけています。

一部の人は、アメリカファーストというキーワードだけに敏感に反応し、貿易が停滞して一気に不況になると考えてしまったわけです。

しかしながら、経済の理屈から冷静に事態を分析すれば、少なくとも短期的には米国の景気が加速することは十分に予測できることでした。

繰り返しますが、トランプ氏は大規模な減税とインフラ投資を公約として掲げていました。どちらの政策も経済学的に考えれば、ＩＳ曲線を右にシフトさせるものであり、ＧＤＰの増大要因です（これについては経済学のキホン10を参照）。

減税だけでもかなりの効果がありますが、これに財政出動が加われば、景気を加速させることはほぼ間違いありません。

経済学的にはこれらの政策は金利を上昇させる可能性がありますが、米国は量的緩和策をすでに終了しており、金利はすでに上昇モードに入っています。市場は金利上昇についてある程度、織り込んでいますから、金利上昇によって景気の腰が折れるという可能性も低いと考えてよいでしょう。

さらに言えば、米国経済はここ数年、絶好調という状況が続いていました。

この状態で、減税と財政出動を実施するというのは、元気が有り余っている人にエナジードリンクを飲ませるようなものです。ここまでやるわけですから、景気は悪くなりようがありません。

ダウが25%程度上がることも予測できた

多くの人が懸念した貿易戦争についても、**時間軸で考えれば、すぐにマイナスの影響が出ないことが想像できます。**

トランプ氏が貿易赤字を問題視して、中国や日本に対して制裁を加えるにしても、これを短期間で実施することはほぼ不可能です。通商交渉は十分な準備期間を経て実行されるものであり、大統領就任直後に関税が引き上げられる可能性はほぼゼロだったわけです。

過去の通商政策はそのような時間軸で遂行されてきましたが、実際、トランプ氏が中国や日本を標的にした敵対的な通商政策に乗り出したのは、大統領に就任してから1年以上経過した2018年春のことでした。

その間、ダウ平均株価は20%も上昇し、主力銘柄の中からも、株価が2倍を超えるものが相次ぎました。

株価が大きく反応したのは、景気拡大の恩恵と減税の恩恵の両方を受けるからです。大規模な減税が実施されれば、企業の最終利益が増加し、その結果として、企業の手元資金は大幅に増えることになります。好景気な状態で手元資金が増えれば、企業はこれを設備投資に回すはずであり、これはGDPのプラス要因となります。

さらに、企業の最終利益が増加すると、企業のEPS（1株あたり利益）もその分だけ増えることは確実です。PER（株価収益率）が変わらないと仮定すると、理論上、利益の増加分だけ株価が上がる計算となります。

景気拡大による業績の伸びに、理論上の株価上昇がプラスされますから、株価への影響はさらに大きくなるわけです。

筆者は、トランプ氏が勝利した時点で、法人減税が20％引き下げられることを前提に試算を行いましたが、その結果は、PERが変わらない場合、平均株価は20～25％ほど上昇するというものでした。

実際、ダウ平均株価は予想通りの上昇となり、筆者も大きな利益を得ることができました。これはマジックでも何でもなく、ごく普通の経済学の知識から導き出せるシナリオなのです。筆者に言わせればトランプ氏誕生と同時に米国株を買わないというのは、あり得ない選択です。

為替トレーダー必見！ 為替は物価で決まる

ＦＸ（為替証拠金取引）や外貨預金など、為替レートが直接的に影響する投資はもちろんのこと、株式投資を行う場合でも、為替動向を把握することはとても重要です。為替はマクロ経済との関連性が密接ですから、ここでも経済学の知識は役に立ちます。

ドル円は「購買力平価」に沿って動いている

為替は様々な要因で動いているので、何によって為替が決定されているのかを単純に示すことは困難とされています。

為替を動かす要因としては、「二国間の金利差」「マネー供給量」「物価」などがありますが、これに加えて経常収支の動向やファンドの買いといった実需要因が影響することもあります。しかしながら、長期的に見た場合、為替が何によって動いているのかはほぼ明白といってよいでしょう。

長期的な為替を決めているのは「物価」です。

為替と物価の相関性が高いことは、経済学における購買力平価の概念、いわゆる「一物一価」の原理で説明することが可能です（購買力平価については経済学のキホン18を参照してください）。

これは、物価が高い国の為替は安くなり、物価が安い国の為替は高くなるという単純な理屈ですが、これを為替に適用したものが購買力平価の為替レートということになります。

この理論的な為替レートは、長期的に見ると現実の為替レートと高い相関性を示しています。

ドル円相場は、1973年のニクソン・ショックをきっかけに固定相場制が実質的に崩壊。変動相場制に移行してからは、一貫して円高ドル安が続いてきました。それまでのドル円の動きは、日米間の物価上昇率を元にした購買力平価の為替レートと綺麗に連動しています。

1985年のプラザ合意以降、為替介入などで一時的に円安になることはあっても、購買力平価による理論的な為替レートを超えて円安になることはなく、基本的に円高トレンドが継続してきました。

日本のバブル崩壊以後、米国は順調に経済成長を続け、穏やかなインフレが長期にわたって続いてきました（リーマンショックという一時的例外はありますが）。

一方、日本は長期のデフレに悩まされており、経済水準も物価もずっと横ばいという状況でした。このため、米国の物価と日本の物価には乖離が生じており、これを調整するため、為替レートが動いたと解釈できます。

為替の分析については、二国間のマネタリー

物価と為替の相関性は高い

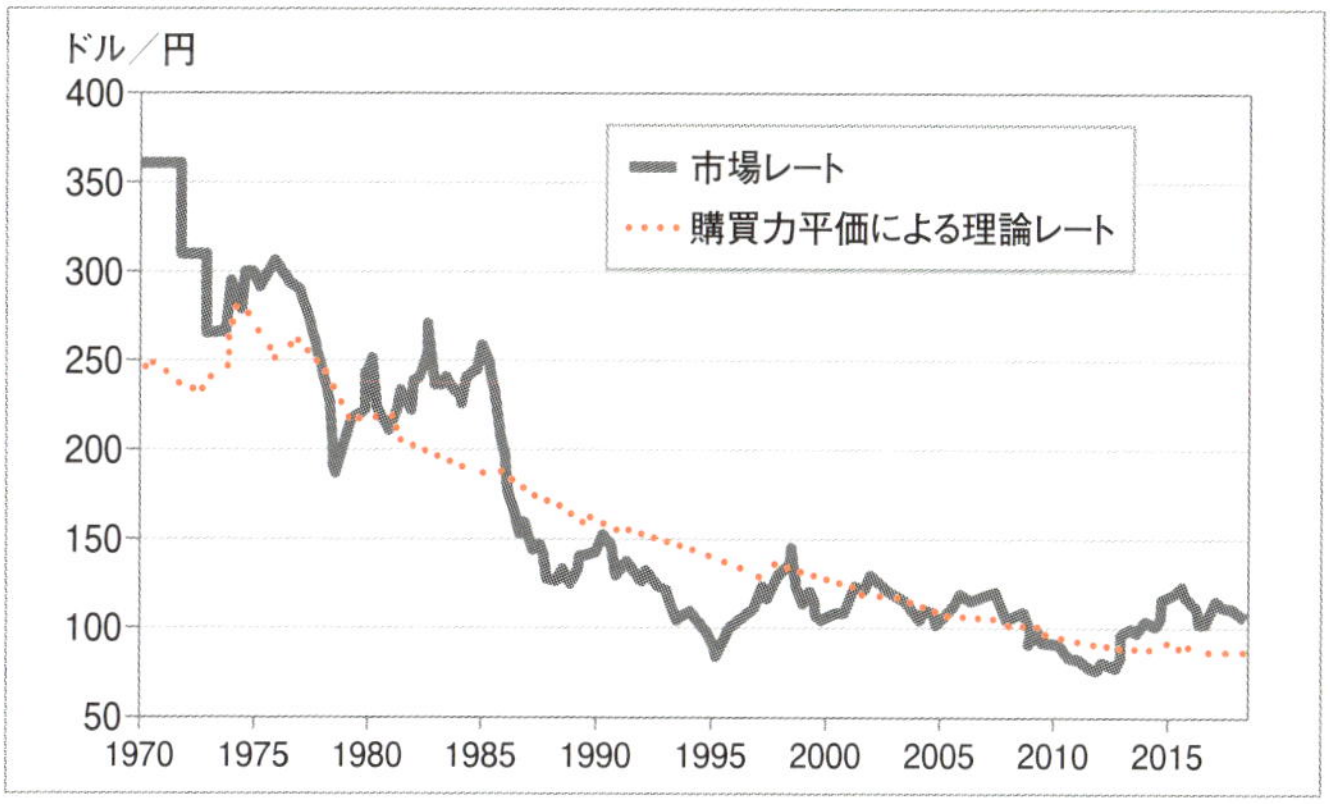

ベースの差（いわゆるソロス・チャート）や金利差など、いくつかの考え方があります。しかし、これらの方法論は、適用できる局面とそうでない局面が混在していますが、物価に関してはほとんど例外がありません。

少なくとも長期的には為替は物価の差で決定されるとみて差し支えないでしょう。金利差についても、物価動向が金利を決める要因のひとつになっていることを考えると、結局のところ為替は物価に収束すると考えてよさそうです。

株式投資家は金利への関心が薄い

こうした基本的な知識があると、為替に対して落ち着いて対処することができます。日本人は特に為替動向に敏感で、ちょっとでも円高や円安に振れただけで、かなりの大騒ぎとなります。

しかし、長期的に見た場合、購買力平価に収束しやすいということが分かっていれば、短期的に為替が円高に動いたからといって、1ドル＝50円といった水準にはなりにくいことが分かります。

1ドル＝100円前後を基準にすると、1ドルが50円になるためには、日本の物価が著しく下がるか、米国が急激なインフレになる必要がありますが、今のところそうした兆候は見当たりません。

非常事態が発生しない限り、こうした水準まで為替が動くことはありえません。しかし識者の中には極端な為替水準を主張する人もおり、一部の投資家はこうした情報に心を揺さぶられてしまいます。

逆に考えると、為替動向が気になるのであれば、米国や日本の物価動向に、常に注意を払っておく必要があります。特に株式の投資家に顕著なのですが、金利動向について関心が薄いという人が少なくありません。

マクロ経済の世界では、金利は極めて重要な役割を果たしています。

金利と物価には密接な関係がありますから、金利に関心を寄せるということは物価にも関心を寄せるということであり、ひいては経済全体への理解につながります。

株価はあらゆる動きの集大成ですから、当然、為替や金利との関係も密接です。このような視点を持つことで、株式投資の視野は大きく広がってくるのです。

人手不足になると経済はどうなる?

日本経済は空前の人手不足となっており、この傾向は今後も長期にわたって継続するといわれています。識者の一部からは、このまま人手不足が続いた場合、経済にとって大きなマイナスになるとの指摘が出ています。

人手不足が深刻化した場合、経済にどのような影響が及ぶのかというのは、今後の日本にとって大事なことですから、よく理解しておいた方がよいでしょう。

日本には余っている労働者がいない

総務省が2018年3月に発表した1月の完全失業率(季節調整値)は、関係者にちょっとした衝撃を与えました。2017年12月の数字を0・3ポイントも下回り、2・4%まで下落したからです。

これは約25年ぶりという低水準なので、統計的な異常値ではないかとの声も出ましたが、その後、失業率はさらに低下。5月には2・2%になっていますから、異常値ではなかったようです。

表面上の数字とはいえ、失業率が2・5%以下ということになると完全雇用に近い状況であり、感覚的にはバブル時代です。

労働市場に人が余っていないことは、女性の年齢別就業率のグラフに観察される、いわゆるM字カーブの状況からも見て取れます。

日本は先進諸外国と比較して、子育ての環境が整っておらず、多くの女性が出産を期に職場を離れています。

女性の年齢別の就業率をグラフにすると、子育ての時期と重なる25歳から35歳の部分で顕著な数字の低下が見られます。40代になると、パートなど非正規労働者として働き始める人が多いことから、就業率は再び上昇し、グラフの形は30代の部分を中心にくぼんだ形（つまりM字型）になります。

これを俗にM字カーブと呼んでおり、先進国では日本特有の問題とされてきました。このため、政府もM字カーブ解消を政策目標として掲げ、保育施設の拡充などの施策を実施してきたわけです。

ところが女性のM字カーブはここ数年の人手不足によって、あっという間に解消されてしまいました。これほど簡単にM字カーブが消滅した現実を考えると、人手不足がいかに深刻であるかが分かります。

人手不足で物価が上昇するワケ

日本の人手不足は若年層人口の減少が主な原因であり、構造的なものです。人口のアンバランスが解消されるまでこの傾向が続くことになりますから、当分の間、日本では人手不足が続く可能性が高いと考えられます。

人手不足は経済に対して深刻な影響を与える可能性があり、当然、株価もここから影響を受けることになります。マクロ経済に関する基本的な知識があれば、人手不足が経済に与える影響について、体系的に理解できますから、実際にそうなった時に慌てる必要がなくなります。

本書の「経済学のキホン19」で解説していますが、**経済全体の生産量というのは、「労働力」**

と「資本」と「イノベーション」の3つで決まるとされています。もし慢性的な人手不足が続けば、労働力が不足し、経済全体の生産力が落ちる可能性があります。具体的には生産設備は準備できているものの、アルバイトの社員を大量に雇えないので、生産を中止するといったケースが考えられます。

企業が何とか生産を維持しようと、高い賃金を払って無理に雇用を増やせば、今度はコストが高くなり、企業は製品価格に転嫁しようとするでしょう。そうなると、各社がこぞって値上げをする展開となり、物価が上昇しやすくなります。

本書ではのちほど、経済学におけるAS曲線について解説しますが、**人手不足が続くとAS曲線は左側にシフトします。これが物価上昇をもたらす原因のひとつとなります。**

供給側の理由で物価が上昇することを、コストプッシュ・インフレと呼びますが、人手不足はこうしたタイプのインフレを誘発しやすいのです。

人手不足がさらに進み、高い時給を提示しても労働者が集まらなくなった場合、いよいよ企業は生産を見直すというフェーズに入ります。そうなってくると、いくら需要があっても、供給がそれに追いつきませんから、輸入で代替できない限り、その分だけGDPが減少してしまいます。つまり供給制限によって経済が失速してしまうのです。

ＡＳ曲線というのは、生産活動におけるＧＤＰと物価の関係について示したものですが、供給制限がかかって生産が伸び悩むということは、ＡＳ曲線がある地点から垂直な形になるということを意味しています。

この状態でいくら景気対策を行っても、物価が上昇するだけで、ＧＤＰは拡大しません。無理に景気対策を続けていくと、物価上昇がさらに激しくなり、不景気であるにもかかわらず物価だけが上昇するという、いわゆるスタグフレーションに陥る可能性も高まってきます。

長期的なスパンで投資に取り組む際には、日本経済には人手不足によるインフレのリスクがあることについて、よく理解しておく必要があるでしょう。

Chapter 01

第1章 すべての基礎となる概念をマスター！

経済を知るにはまずGDPから

経済学のキホン1

「消費」と「投資」の違いに注目

ＧＤＰ（国内総生産）は、経済を理解するための土台となる概念です。すべての基礎となりますから、経済に強くなるためには、ＧＤＰの考え方をしっかり身に付けておく必要があります。

しかし、いきなりＧＤＰと言われても、あまりにも無味乾燥で、現実社会とうまく結び付けて考えられないという人がほとんどだと思います。

ＧＤＰについてよく知るためには、ＧＤＰの定義を覚える前に、人や企業がどのようにお金を使うのかについて知っておいた方がよいでしょう。

消費は「満足」を得るための行為

人や企業によるお金の使い方には実は2種類あります。

図01

「消費」と「投資」の違いを知ろう

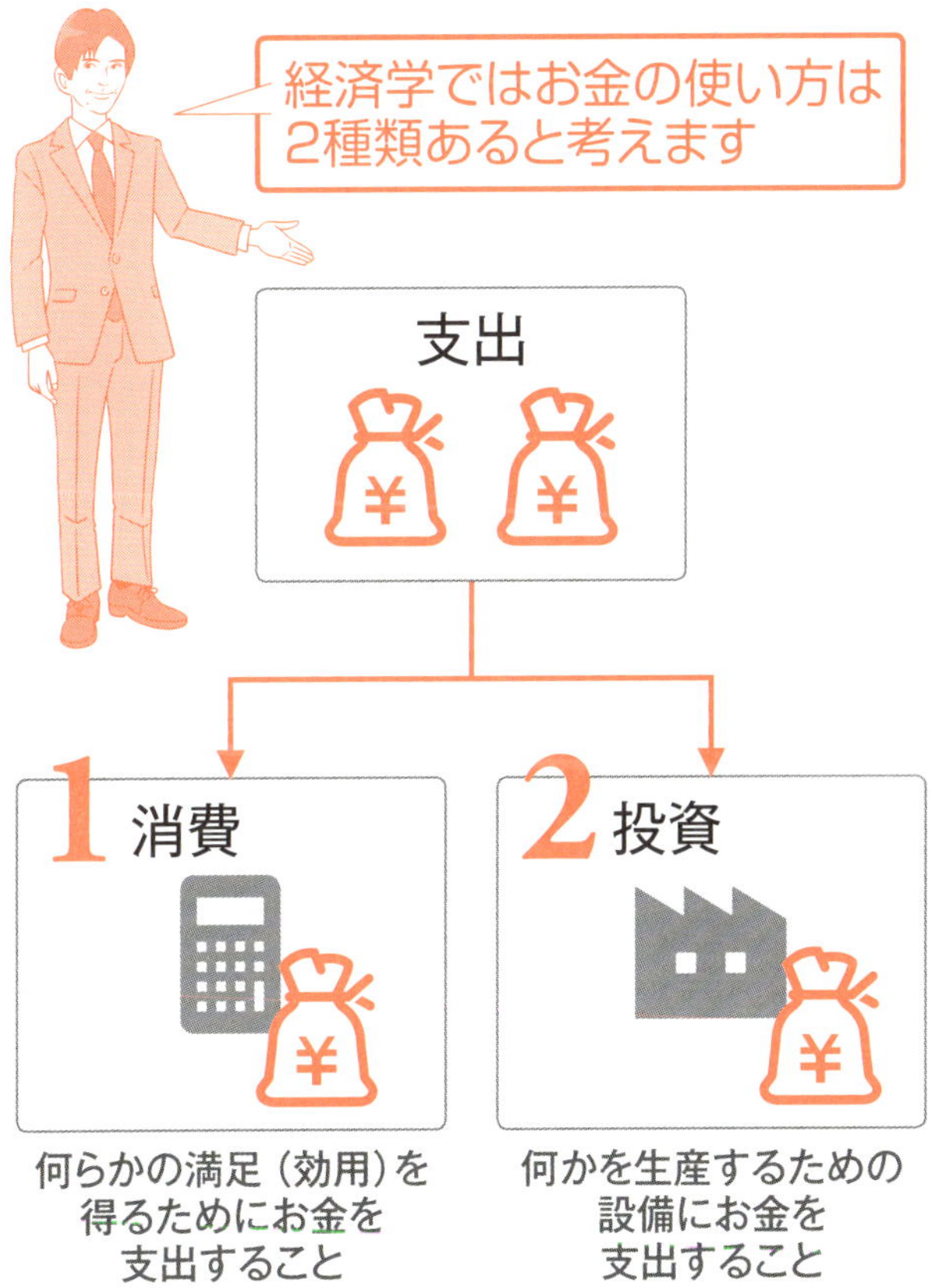

ひとつは「消費」、もうひとつは「投資」です。

「消費」と「投資」という言葉は皆さんもよく知っていると思いますし、何となく両者は違うものだという認識も持っていることでしょう。しかし、2種類の意味をしっかりと区別して使っている人は少ないはずです。

経済学でいうところの投資と、株式投資など、一般社会でいうところの投資の意味は少し異なります。このあたりについてもしっかり整理しておかないと、経済学と株式投資を結び付けて考えることはできません。

消費は多くの人がイメージしている通り、食品や衣類を購入するといった日常的な支出のことを指しています。地下鉄に乗ったり、美容院で髪をセットしてもらうのはモノへの支出ではなくサービスへの支出となりますが、これも消費の一部です。

ご飯を食べれば食欲を満たせますし、地下鉄に乗れば行きたい場所に移動できます。つまり、消費は何らかの満足を求めて行うわけです（これを経済学の用語では「効用」と言います）。

一方、投資というのは、同じお金を使うという行為でも、その意味がまったく異なります。**世間一般では投資というと、株式投資やFX（為替証拠金取引）などを思い浮かべる**

かと思いますが、経済学での投資はそういった意味ではありません。

投資は将来のお金を生み出すための支出

経済学での投資は、お金を支出することで何かの満足を得るためのものではなく、製品やサービスを生産するための設備にお金を投じる行為を指しています。具体的に言えば、工場や店舗に対して資金を投じること、つまり設備投資です。

例えば、わたしたちがお店をオープンすることを考えてみましょう。お店を開くには、店舗となる不動産を借りて、厨房機器や椅子、テーブルなどを購入して準備を整えなければなりません。厨房機器を購入したり、椅子やテーブルを揃えることは、何らかの楽しみや満足を得るためのものではありません。

これらへの支出は、今後、その設備を使って製品やサービスを生み出し、最終的にはお金を稼ぐためのものです。**つまり、将来の生産活動のためにお金を使うことを、ここでは投資と呼んでいるのです。**

経済学的に見た場合、世の中のお金の使い方には、消費と投資の2種類しかありません。

経済が拡大することは、消費や投資が順調に増えていくことを指します。

儲かるポイント1

「設備」への投資が増えると株価は上昇

設備投資にいくら使っているか？

消費と投資の違いについてしっかり区別できたところで、この知識を投資に応用してみましょう。

消費と投資の違いは、企業会計で言えば、P/L（損益計算書）上の支出と、B/S（貸借対照表）上の支出の違いと捉えることができます。

企業が従業員に支払う給料は、損益計算書に計上されます。給料というのは、従業員に企業で働いてもらうための対価ですから、今、その場で支払う必要があるお金ということになります。

一方、工場や店舗などへの支出は、損益計算書上には反映されず、貸借対照表上に記載されます。損益計算書に反映しない理由は、それが将来に対する支出（資産に対する支出）だからです。

工場や店舗への支出は、将来の売上高を生み出す原動力となります。**したがって企業が、どの程度の金額を設備投資に回しているのかは、投資家にとって極めて重要な情報ということになります。**

例えば居酒屋チェーンを運営する企業が、来年度、何店舗、新規の出店を行うのかによって、その企業の業績は大きく変化します。５００店舗のチェーン店が１００店舗の出店計画を出せば、既存店の５分の１に相当する新規店舗が一気に誕生するわけですから、強気の計画とみなされるでしょう。

長期的な上昇相場のスタート地点

これだけの規模の出店となると財務状況にも影響を及ぼしますが、十分な需要があれば、新規店舗での売上げ分が来期の決算に反映され、企業は増収増益を実現できます。

つまり、新規の設備投資というのは来期の売上高の原動力であり、これは先ほどの経済全体における投資とまったく同じ意味を持つことになります。

逆に言うと、設備投資が減っているのは、あまり好ましい状態ではありません。今すぐには影響は出ないかもしれませんが、将来の稼ぎの源泉がなくなっているわけですから、長期的にはマイナスの影響を及ぼします。

つまり、設備投資の額が大きく増えるタイミングというのは、長期的な上昇相場のスタート地点である可能性が高いのです。

現在、日本経済は設備投資が伸びない状況が続いています。これは将来の成長の原動力を失っているということを意味していますから、長期的に見ると株価にとってネガティブ要因です。

しかし、株価というのは将来を見越して動くものでもあり、物事に変化が生じた時は大きなチャンスでもあります。

もし、どこかのタイミングで設備投資が大幅に増えることがあれば、それは長期的な上昇相場の始まりを示しているのかもしれません。**このような時は、現実の経済に先行して**

株価が上昇することがあります。投資家が企業の設備投資動向に常に注意を払っているのはこうした理由からです。

儲かるまとめ

（経済学のキホン）

- お金の支出には「消費」と「投資」の2種類がある
- 消費は満足を得るための支出
- 投資は将来のお金を生み出すための支出

【儲かるポイント】

- 新規出店や工場建設が増えれば、設備投資が増加する
- 設備投資の増加は、景気や株価にとってプラス要因
- 設備投資に動きがあったら、上昇相場が始まる可能性あり

経済学のキホン2

「貯蓄」と「投資」は一致する

人はお金を稼ぐと（所得を得ると）、その何割かを消費して、残りを貯金します。使われたお金はめぐりめぐって賃金などの形で戻ってきます。**経済全体で見れば、お金を使う人と払う人は同じになっているのです。**

年収が多い人はたくさん貯蓄できますが、年収が少ない人は、生活必需品だけで所得のほとんどを使い果たしているかもしれません。

つまり、人によって支出の状況は異なるわけですが、これも全体で見れば、人は稼いだお金の一定割合を消費し、残りを貯金に回していると解釈できます。

経済学では消費者全体のことを「家計」と呼ぶので、家計は稼いだ所得のうち、一定割合を消費し、残りを貯蓄すると言い換えることができます。

図02

貯蓄と投資は一致する

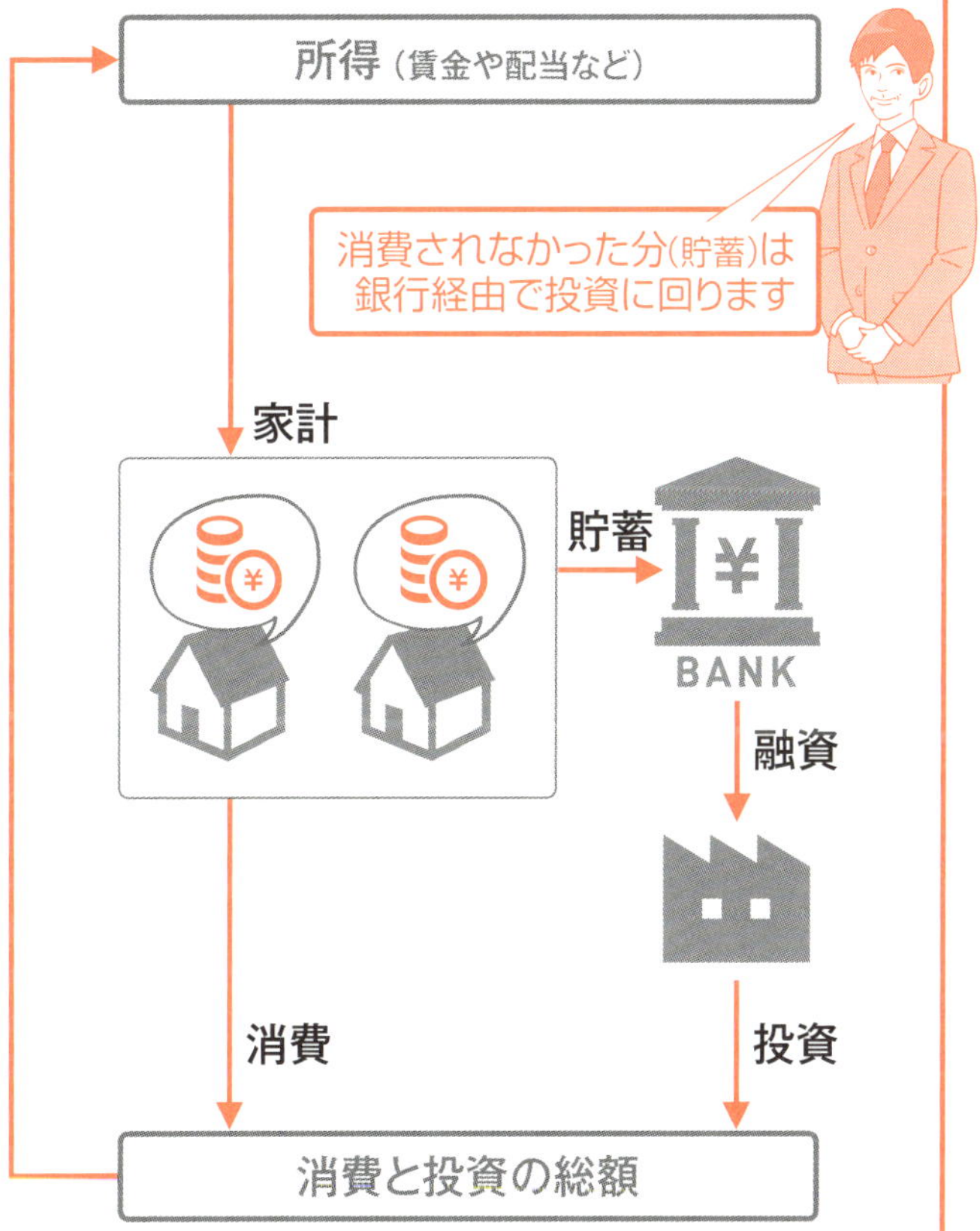

預けたお金はすべて投資に回される

貯蓄の大半は銀行預金となっているわけですが、わたしたちが銀行に預けたお金の多くは、銀行の中には存在していません。

銀行は金利を稼ぐビジネスですから、預金者から預かったお金を遊ばせてしまうと収益を上げられなくなります。

預金されたお金は、融資の形を経て企業などに貸し付けられ、そこで設備投資に使われているのです。

銀行は、預金者が預金を引き出すことを望んだ場合、それに応じる義務がありますから、契約上、預けたお金は存在しています。

しかし現実には、預けたお金の大半は店舗や工場への投資に回されており、労働者の給料などに消えています。

もし顧客が高額の預金を引き出そうとした場合には、銀行は別のところからお金を借りてきて、その手当をするというのが実態です。

「貯蓄＝投資」は経済学の重要な概念

個人が株式やＦＸに資金を投じた場合でも同じです。誰かがそのお金を受け取り、どこかのタイミングで銀行預金を行いますから、最終的には何らかの形で銀行に集められることになります。

つまり、経済全体で見た場合、家計が消費しなかったお金はすべて貯蓄であり、貯蓄は何らかの形で投資に回っているとみなすことができます。

経済学の重要な基本原理のひとつに、「貯蓄＝投資」というものがありますが、これは、消費されなかった分が貯蓄されて投資に回っていることを意味しています。貯蓄と投資が等しいというのは、経済学ではとても重要な概念ですから、よく覚えておいてください。

整理すると、家計は稼いだ所得の一定割合を消費し、残りを貯蓄します。貯蓄されたお金は様々なところを経由して世の中を回っていきますが、最終的には、主に企業を通じて設備投資に充当されることになります。

経済学のキホン１（消費と投資）の項目で解説したように、投資されたお金は、新しい工場や店舗となり、将来的にはそれが新しい付加価値を生み出すのです。

つまり家計の貯蓄は投資とイコールですから、貯蓄は将来のGDPを生み出す原資と考えることができます。経済において貯蓄が重要な意味を持っているのは、こうした理由からです。

儲かるポイント2

米国と日本における貯蓄率と株価の関係

このところ日本人の貯蓄率が目に見えて減っています。

OECDの調査によると、2000年には8・9％あった日本人の貯蓄率は年々下がっており、一時はマイナスになったこともありました。2017年の段階では2・7％となっています。

先ほど、経済学の世界では貯蓄＝投資になると説明しました。

貯蓄が減っているということは、投資の原資がなくなっているということですから、将来のGDPを生み出す余力が減っていると解釈できます。そうなってくると、株価の上昇もあまり期待できないという話になってしまいます。

実際、貯蓄率の低下を長期的な市場低迷のサインと捉える投資家も少なくありません。この話は半分当たっているのですが、半分ははずれています。

貯蓄率が低いのに株価が上がる国

例えば米国は、昔から貯蓄率が低い国として有名ですが、景気は常に拡大が続き、株価に至っては20年以上、上昇が続いています。リーマンショックで一時的には下落しましたが、結局は最高値を更新しました。

米国のケースを見ると、貯蓄が低い＝経済にとってマイナス、とは限らないということが分かります。

米国が低い貯蓄率であるにもかかわらず、経済や株価が堅調なのは、消費を中心に経済を拡大する仕組みが出来上がっているからです。

この話は、後ほどGDPの項目で詳しく説明しますが、国によって経済が成長するメカニズムは異なっています。ビジネスや投資で勝つためには、この違いについてよく認識しておく必要があるのです。

米国は基本的に消費者のマインドが前向きで消費の拡大が経済をリードします。次々に魅力的なサービスが生まれ、これが消費を喚起して経済の成長を促します。**株式の銘柄も、小売店や生活用品といった内需銘柄が重要な位置を占めています。それほど大きな設備投資がなくても、経済が回っているのです。**

逆に言えば、最小限の投資で最大の効果を得ていると解釈することもできるでしょう。米国はすでに成熟国となっており、十分なインフラが整っていることも消費経済の活発化を後押ししています。

一方、日本は同じ経済を成長するために必要な投資の額が米国よりも大きいという特徴があります。それは日本経済が製造業中心の構造になっているからです。

比率の上では、日本経済の中で外需が占める割合は小さいのですが、景気に対して製造業が与える影響は今でも大きいというのが現実です。

製造業の将来は、どれだけ設備投資を増やしたかで決まりますから、このような国において貯蓄率が下がっている場合には、少々、注意が必要です。

しかしながら、**減少が続いてきた日本の貯蓄率も、世界景気の拡大を受けて、2016年頃から徐々に上向き始めています。この頃から日本のGDPも上向き、株価も上昇しています。これらはすべて密接に関係しているとみてよいでしょう。**

日本はいい意味でも悪い意味でも製造業に依存しており、世界の景気動向から大きな影響を受けてしまいます。日本の景気がどうなるのかを知りたければ、世界景気、特に米国の景気をチェックしていれば、ほぼ間違いありません。

儲かるまとめ

(経済学のキホン)

- 経済全体で見れば、お金を払った人とお金を受け取った人は一致する。つまりお金はグルグルと回っている
- 人は稼いだお金の一定割合を消費し、残りは貯蓄する
- 貯蓄されたお金は銀行経由で設備投資に向かう。つまり貯蓄と投資は一致する

【儲かるポイント】

● 貯蓄率が下がるということは、設備投資の原資が減ること
● 日本のように設備投資が重要な役割を果たしている国にとって、貯蓄率の低下は株価のマイナス要因
● 米国は消費主導の経済なので、貯蓄率はあまり関係ない

経済学のキホン3

株価を動かすGDPの3要素とは？

もっともシンプルなGDPの定義

これまでは、消費と投資の違いや、人は稼いだお金の一定割合を消費し、残りを貯蓄するといった話をしてきました。

貯蓄されたお金は、銀行を通じて企業などに融資され、設備投資に充当されることになります。

この話は、GDP（国内総生産）の定義と密接に関係しています。もっとも簡単なGDPの式は以下のようになります。

GDP＝消費（C）＋投資（I）

この式では、ＧＤＰのうち消費されなかった分が、金融機関を通じて投資（Ｉ）に回っていますから、貯蓄（消費されなかった分）と投資は一致しています。消費の主体は主に家計で、投資の主体は企業ですから、この経済モデルは、家計と企業の支出を示しているともいえます。

これがもっともシンプルなＧＤＰの定義です。

しかしながら、経済の中で大きなお金を支出する主体がもうひとつあります。それは政府です。

政府は所得を得た国民から税金という形でお金を徴収して、それを政府支出という形で消費もしくは投資します。

本来なら、政府は経済全体の中では中間的な立場であり、無視してもよい存在なのですが、動かすお金があまりにも巨額であるため、政府の支出は需要と供給に大きな影響を与えます。このため、ＧＤＰを計算する時には、政府支出も考慮に入れることになっています。

図03

GDPは3つの要素で成り立っている

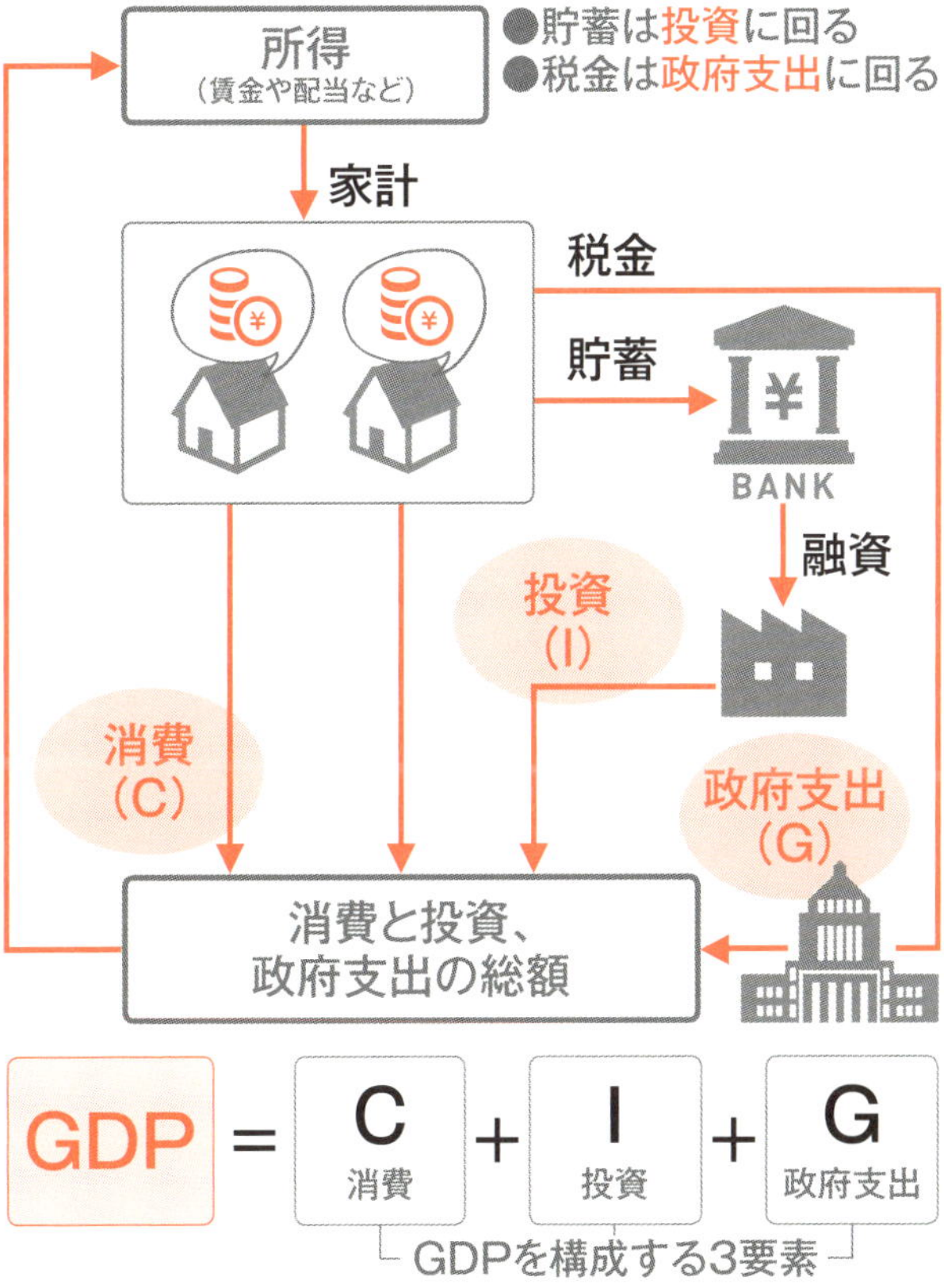

経済学における「豊かさ」とは何か？

ここで家計と企業、そして政府という3つの主体が出揃いました。

家計は主に消費を行い、企業は家計が貯蓄したお金で設備投資を行って製品やサービスを家計に提供します。政府は家計から徴収した税金を使って支出します。

GDPはそれぞれの主体がどのくらいお金を使ったのかを示したものです。以下の式は非常に重要ですからしっかり覚えておいてください。

GDP＝消費（C）＋投資（I）＋政府支出（G）

国内における消費と投資、そして政府支出をすべて足し合わせたものがGDPの正体ということになります。

そして、家計が消費として支出したお金、企業が投資として支出したお金、政府が支出したお金は、最終的には何らかの形で（多くは給料という形になりますが）家計に戻ってきます。これが「所得」であり、次の消費や貯蓄の原資となります。

この循環が活発になれば、世の中には多くのモノやサービスが溢れ、人々は豊かな生活を送ることができます。経済学の世界では、この循環が活発になることを豊かになることと定義しているわけです。

儲かるポイント3

賢い投資家は「機械受注統計」に注目する

先ほど説明したように、GDPは、消費（C）と投資（I）、政府支出（G）という3つの項目で構成されます。このうち、どれかが伸びてGDPが増えれば、株価の上昇要因となります。

日本のような工業国では、投資が拡大し、それによって企業業績がよくなり、株価が上昇するという流れがもっとも一般的でしょう。この動きが賃金上昇につながり、消費が拡大するようであれば、さらに株価は上がっていきます。

GDPの発表を待っていたら乗り遅れる

GDPは四半期ごとに発表されますが、**市場関係者がもっとも注目しているのは設備投資が何%伸びたのかという部分です。**設備投資が継続して伸びているようであれば、いずれは生産の拡大につながるからです。

しかしながら、GDPの統計はとりまとめるのに時間がかかるため、GDPの数字が発表される頃にはすでに株価が動いているというケースも少なくありません。**GDPの結果が出る前に設備投資の状況を知りたいという投資家は多く、こうした人たちは、たいてい機械受注統計を参考にしています。**

機械は設備投資を目的に購入されることが多いので、機械関係の受注動向を見ると設備投資の動きが分かります。機械受注の統計は、内閣府から毎月公表されていますから、いつでも参考にすることができます。

ただ機械受注はブレが大きい統計ですので取り扱いには注意が必要です。機械受注が好調だと思って買い出動したものの、次の月は反動で大幅減ということも少なくありません。その月の数字よりも、過去からの流れを見た方がよいでしょう。

「財政出動」は投資のチャンスだが…

設備投資と並んで市場関係者が注目しているのは、政府支出の拡大、つまり財政出動です。**景気が悪くなると、政府は景気対策という名目で大型の財政出動を行います。財政出動を行えば、その分だけGDPは増えますから、やはり株価にとっては上昇要因となります。**ただし、近年では以前ほど財政出動が効果を発揮しない状況となっていますから、過度な期待は禁物です。

日本が新興国の時代には、公共事業として橋や道路を建設すると、その建設費用分だけGDPが増加することに加え、出来上がったインフラが新しい生産を後押しして、投資金額以上の効果を得ることができました。**これを経済学の世界では乗数効果と呼びます。**

しかし社会の成熟化やIT化が進んだ結果、こうしたモノへの投資による相乗効果は年々薄くなっています。最近では政府が景気対策を行っても、その金額分しかGDPが増えないことも珍しくありません。

したがって政府の景気対策を材料に投資する場合には、短期的な動きに絞った方が得策です。予算は段階的に執行されますから、株価に効果があるのは年度内といったところでしょう。

儲かるまとめ

（経済学のキホン）

- GDPは消費（C）、投資（I）、政府支出（G）という3つの項目で構成されている
- 3つの支出は最終的に所得という形で家計に戻ってくる
- この循環が活発になるほど景気がよいと考える

【儲かるポイント】

- GDP統計が出るタイミングは遅いので、投資に応用するには先行指標が必要
- 機械受注は設備投資の先行指標として使われるが、ブレが大きいので注意が必要
- 政府の景気対策は以前ほど期待できないので、短期的な株価要因と考えるべき

経済学のキホン4

家計から出たお金は形を変えて戻ってくる

先ほど、GDPは消費（C）、投資（I）、政府支出（G）の3項目で構成されるという話をしました。消費も投資も政府支出も、すべてお金を使う側の話ですから、この式は、支出項目に着目したものということになります。

しかしながら、**お金を支出した家計や企業、あるいは政府が存在するなら、そのお金を受け取った家計や企業もあるはずです。**

賃金もしくは利子・配当で戻ってくる

家計が支出したお金は、通常、企業が製品やサービスの対価として受け取り、そのお金は従業員への賃金という形で支払われ、最終的には再び家計に戻っていくことになります（このお金が次の支出の原資となります）。

企業が経費として支払ったお金や政府の支出も同じです。いろいろなところを経由しながら、最終的には賃金などの形で家計に戻ります。

この他にも家計にお金が戻るルートがあります。それは利子や配当です。

企業は、利益の一部を配当という形で投資家に還元しますし、銀行は預金者に対して利子を支払っています。

結局のところ、世の中で支出されたお金は、賃金もしくは利子・配当という形で家計に戻っているのです。これらをすべて総合すると、お金を支出した人と、お金を受け取った人は、皆、同じであることが分かります。

先ほど、支出という面でＧＤＰを定義しましたが、ＧＤＰにおける支出面の金額が確定すれば、その金額は、お金を受け取った側の人から見ても、同じになっているはずです。また、製品やサービスを提供した企業から見ても、やはり同じ金額になっています。

これは同じ経済活動を、お金を使う立場（支出面）と、お金を受け取る立場（分配面）、モノやサービスを提供する立場（生産面）という別々の立場から眺めたものに過ぎません。

３つの面はすべて同じ経済活動を示していますから、３つの数字は完全に一致するはずで

図04

覚えておきたい！「GDPの三面等価」

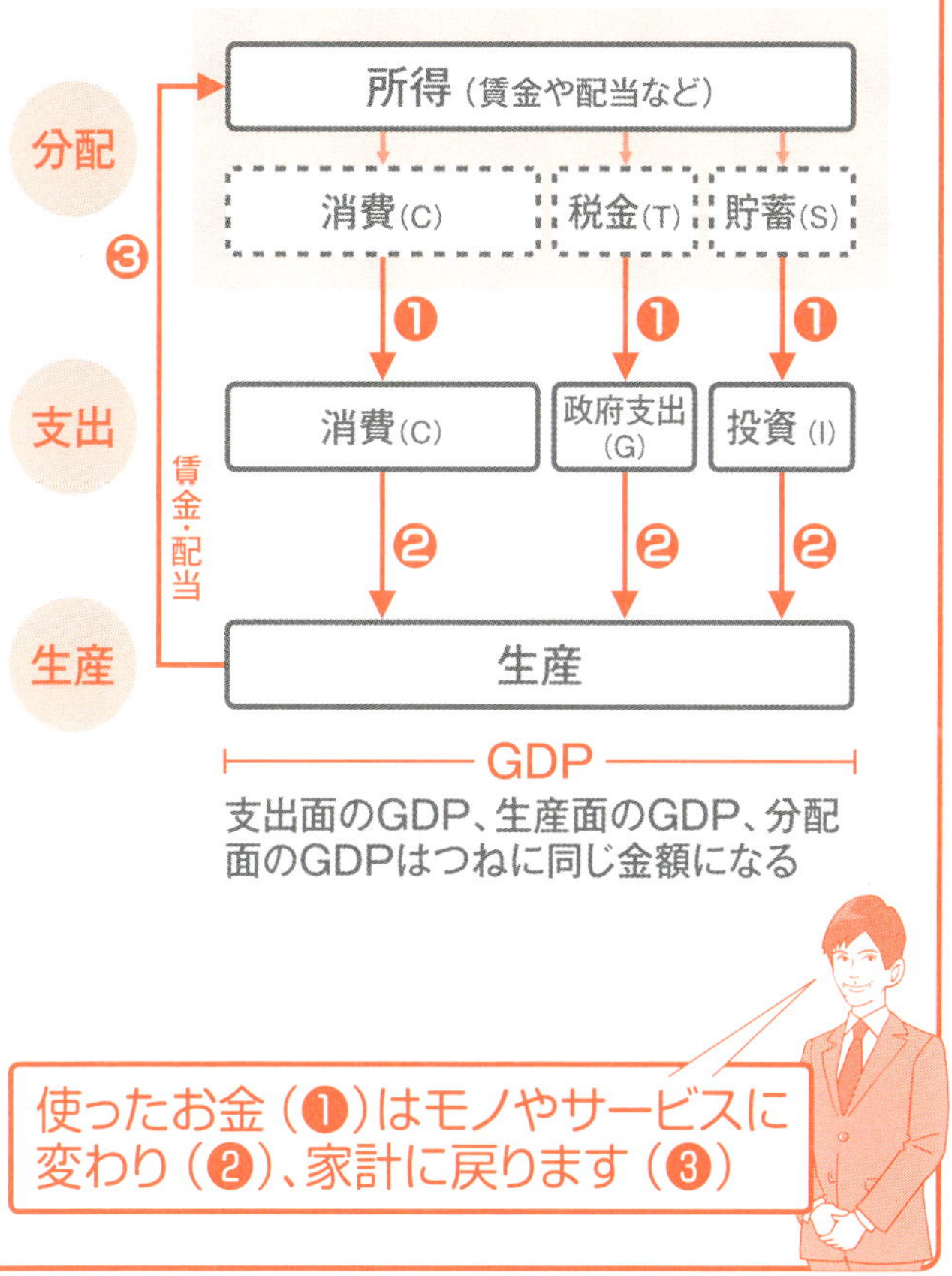

す。これをＧＤＰの「三面等価」と呼びます。

ＧＤＰは企業の付加価値の総和

家計に対して製品やサービスを提供する側（生産面）から見ると、ＧＤＰは各企業が生み出した付加価値の総和となります。

ある企業が１００円で商品を仕入れ、１５０円で売った場合には、その企業が生み出した付加価値は50円となります。**すべての企業が生み出した付加価値を足し合わせるとＧＤＰの金額に一致します。**

お金を受け取る立場の人から見た場合（分配面）、ＧＤＰは賃金（雇用者報酬と呼ぶ）と企業の利益に相当する営業剰余に大別することができます（残りは減価償却となりますが、ここでは割愛します）。営業剰余は最終的には利子や配当という形で家計に戻っていきます。

所得を得た家計は、これまで説明してきた通り、一定割合を消費し、残りは貯蓄します。貯蓄分は投資という形で支出されますから、これは支出面のＧＤＰにつながるわけです。

3つの面を総合的に捉えることができれば、お金がどのようなルートで経済を回っているのかイメージできるようになるでしょう。

儲かるポイント4

分配次第で株価が上がる業種は変わる

先ほど説明したように、GDPには、お金を支払う立場の人から見たもの（支出面）と、製品やサービスを提供する立場の人から見たもの（生産面）、そして、お金を受け取る立場の人から見たもの（分配面）の3つがあり、これらの金額はすべて一致します。

百貨店の株価が上がる場合と、コンビニが上がる場合

通常、GDPについて議論する際には支出面に着目することがほとんどです。GDPに

関する報道も、基本的には消費、投資、政府支出が軸になっています。
しかし、経済の状態がどうなっているのか、あるいは今後どうなるのかを考える時には、他の側面についても考慮する必要があります。**特に重要なのは、お金を受け取る側の状況、つまり分配面です。**

なぜ投資するにあたって分配面に注目する必要があるのかというと、**どのようにお金が分配されたのかによって、次のお金の使い方が変わってくるからです。**

例えば、労働者の賃金が増えず、利子や配当で家計にお金が戻る割合が上がっているのであれば、富裕層の消費が拡大しやすくなります。富裕層ほど利子や配当など給与以外の所得の割合が高いのが普通だからです。

一方、労働者の賃金が増えている場合には、中間層の消費が活発になることが予想されます。

富裕層の消費が拡大すると、三越や高島屋といった百貨店の業績が伸びるというのは投資家の世界では常識です。一方、中間層の所得が増えているのであれば、コンビニやファミレスといった業態の方が有利でしょう。

カギを握るのは「実質賃金上昇率」

中間層の懐具合を示す指標として市場関係者が注目しているのが、実質賃金上昇率です。実質賃金上昇率は、実際に受け取る賃金の上昇率から、物価の上昇分を差し引いたものです。**いくら賃金が上がっているといっても、それ以上に物価が上がっている状況では、労働者はより多くのモノやサービスを買うことができません。**実質賃金がプラスになっているということは、労働者がもらうお金が本当に増えているということですから、消費にはプラスの効果があります。

実質賃金のプラス傾向が継続していた場合には、景気が持続的に拡大する可能性が高いですし、かなりの確率で株価も上昇基調となるでしょう。

米国のように資本家が強い力を持っている国では、労働者の賃金よりも、配当の増額などが求められる傾向が多く、これが富裕層の消費を拡大させます。

しかし日本の場合には純粋な資本家が少なく、公的年金や日銀が企業の大株主という状況です。このところ日本企業も配当を重視するようになっていますが、増えた配当は資本家ではなく、公的年金に流れることになります。

これは最終的には年金受給者に戻っていきますから、賃金が家計に戻る流れと似ています。日本の場合、資本家にお金が流れるという経路は少ないと考えた方がよいでしょう。

儲かるまとめ

〈経済学のキホン〉

- ●GDPには支出、生産、分配という3つの側面がある
- ●これらは同じ経済活動を違う立場から眺めているに過ぎず、3つの数字は一致しているはず
- ●3つの面を同時に見ると、お金の流れが見えてくる

【儲かるポイント】

- ●一般的にはGDPの支出面に着目するが、投資家は分配面にも気を配った方がよい
- ●配当が多いのか、賃金が多いのかで、どの業種にお金が回りやすいのかが変わっ

てくる

●日本株の場合には特に賃金の動向が重要

経済学のキホン5

純輸出の分だけGDPはプラスになる

日本をはじめ、多くの国が貿易を行っています。**貿易が存在する国の経済を分析するためには、輸出と輸入を考慮に入れる必要があります。**

日本は典型的な輸出大国でしたが、たくさんのモノを輸出しているということは、国内で消費する分以上の生産を行っていることを意味します。つまり、国内以外（つまり海外）にも需要が存在するということに他なりません。

輸出で得た代金は国内に落ちますから、国内の所得はその分だけ増えます。したがって輸出はGDPを増やす要因となります。

外国に支払ったお金は国内に落ちない

一方、輸入はその逆です。国内で生産する分よりも、国内の需要が大きく、足りない部分を輸入で補っているわけです。外国に支払ったお金は国内には落ちませんから、ＧＤＰにとってはマイナスです。

日本のような国は、原材料を輸入して製品を作り、それを外国に輸出しています。輸入の多くは輸出を行うためですから、現実はもう少し複雑になります。

最終的には、輸出から輸入を差し引いた純輸出の分だけＧＤＰはプラスになると考えます。これを式にすると以下のようになります。

ＧＤＰ＝消費（Ｃ）＋投資（Ｉ）＋政府支出（Ｇ）＋純輸出（ＥＸ－ＩＭ）

純輸出は貿易収支と言い換えることもできます。**貿易収支が黒字であれば、その分だけＧＤＰが上乗せされることになります。**

トランプ政権が保護主義を掲げる理由

一般的に輸入は、ＧＤＰの大きさに比例すると言われています。

経済規模が拡大して社会が豊かになると、コストが安いものは海外から調達した方が合理的です。余ったお金はより付加価値の高い製品やサービスへの支出に回されることになります。

現在、世界でもっとも大きな経済大国は米国ですが、米国はずっと前から貿易赤字が続いています。

貿易赤字が大きいと、一部の国内産業が外国に負けてしまいますから、政治的な動きを招きやすくなります。トランプ政権が保護主義的な政策を掲げているのはそのためです。しかしながら、大きな流れとしては、経済大国が輸入を拡大するのはごく当たり前のことです。これは日本も同じで、社会が豊かになるにつれて輸入の割合が高くなってきました。**つまり輸入の多さは、その国の成熟度や豊かさと密接に関係しているのです。**

本書ではのちほど、国際収支についても解説していきますが、貿易赤字の大小は、直接、経済成長とは関係しません。

一般論としては、輸入が多いとよくない、輸出を増やした方がよい、と言われますが、経済学的には必ずしもそれが正しいとは限らないのです。

図05

GDPを構成するもう1つの要素＝輸出

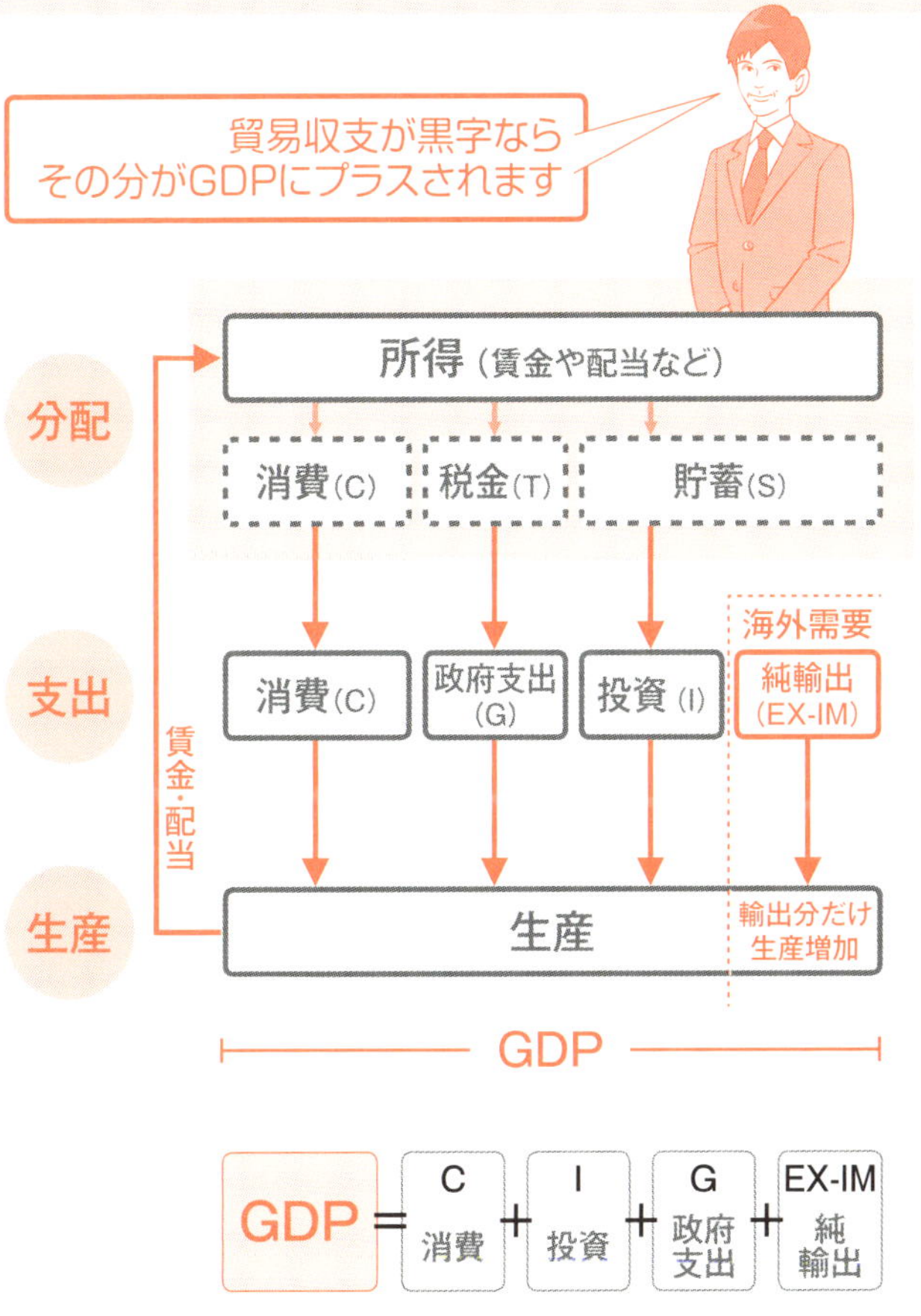

儲かるポイント5

トヨタとホンダでは〝儲け方〟が違う

日本は輸出大国であり、製造業が経済のカギを握っています。したがって輸出の動向は株価に大きな影響を与えます。

先ほど説明したように、輸出が存在するということは、国内だけでなく海外にも需要が存在していることを意味していますが、海外の需要は国内の事情とは関係なく決まります。また、ある製品への需要が急に消滅するのも考えにくいことです。

もしそうなら、為替以外の要因では輸出はあまり変動しないはずですが、現実はそうでもありません。

輸出の状況はメーカーのオペレーションに大きく左右されることが多く、企業の経営環境が変わると輸出も大きく変動します。

輸出企業と現地生産企業の違いとは？

近年は、消費地の近くで製品を製造するという、いわゆる「地産地消」が進んでおり、輸出が経済全体に及ぼす影響が低下してきました。

例えば日本の主要産業である自動車の場合、日産の国内生産比率は約18%、ホンダの国内生産比率は16%しかありません。こうした企業が増えてくると、日本経済や日本株に対する輸出の寄与度も下がってくるわけです。

しかしながら、すべてのメーカーが生産を海外に移しているわけではありません。最大手のトヨタは国内生産体制の維持にこだわっており現在でも45%を国内で生産しています。またスバル（富士重工）はほとんどの製品を海外で売っていますが、生産の75%は国内です。

輸出企業も現地生産業も、円安になればその分だけ売上高が増え、逆に円高になれば売上高が減少しますから、業績は同じように変動します。

国内生産している企業の場合、労働者のコストは為替で変動しませんから、現地生産よりも、多少、有利になるでしょう。付加価値が高い業種の場合、人件費比率はあまり高くないので、現地生産でも輸出でもそれほど大きな違いにはならないことがほとんどです。

しかしながら、輸出中心の企業と現地生産の企業を比較すると、業績は似たようなものであっても、お金の流れはまったく異なります。

輸出企業のほうが国内への影響力は大

現地生産の企業は、現地の利益を現地子会社からの利子や配当として受け取ります。一方、輸出した企業は販売代金をそのまま受け取ることになります。**現地生産の場合、販売した企業にしか利益が還元されませんが、輸出の場合には、下請け会社などへ幅広くお金が行き渡ります。**

最大の違いは設備投資でしょう。現地生産の場合は、設備投資は現地で行われますが、輸出企業の場合には設備投資は国内に向かいます。

何らかの形で国内にお金が入ってくるのは同じことですが、**輸出型の方が、金額が大き**

く、お金が落ちる範囲も広いですから、国内消費への影響は大きくなります。一方、現地生産型は、お金が落ちる範囲が限定的です。

輸出の増減そのものは、株価にそれほど大きく影響しませんが、長期的に見て輸出が増えているのか減っているのかというのは、国内市場で、どの業界が潤うのかの違いとなって顕在化してきます。**輸出については、増減そのものよりも、お金の回り方に着目した方がよいでしょう。**

儲かるまとめ

（経済学のキホン）

- 輸出があるということは、海外にも需要があるということ
- 企業が生産したモノやサービスを国内だけでは消費できない
- 輸出の分だけ生産と所得が増えるのでＧＤＰは増加する

【儲かるポイント】

●輸出でも現地生産でも業績への影響はあまり変わらない

●一方で、お金の回り方は大きく異なる

●輸出の方が国内への波及効果が高い

経済学のキホン6

財政赤字の場合、貯蓄は借金返済に回る

現実の経済は、貿易だけでなく、政府が国債を発行し、より大規模な政府支出を行うことでうまく回っています。特に日本はその傾向が顕著といってよいでしょう。

貿易や財政赤字が存在しない場合、家計は得た所得の一定割合を消費して、残りを貯蓄します。そして貯蓄は投資へと回され、将来の経済成長の原動力となっていました。

貯蓄が減ったらどう埋め合わせるか?

貿易と財政赤字が存在した場合でも基本的なメカニズムは変わりませんが、この2つが入り込むと、動きが少し複雑になります。

家計が得た所得の一定割合が消費に回り、残りが貯蓄されるのは同じですが、貯蓄がすべて投資に回るわけではなくなります。**貯蓄されたお金と投資されたお金の差額は、純輸**

出（貿易収支あるいは経常収支）と財政収支（政府の借金）で案分されます。式は以下の通りで、これを貯蓄投資（I－S）バランス式と呼びます。

貯蓄（S）＝投資（I）＋財政赤字（G－T）＋純輸出（EX－IM）

個人が貯蓄したお金は、投資に回るか、政府の借金に回ることになります。それでも余ったお金は純輸出（貿易黒字）の分と一致することになります。

先ほどの式は以下のように書き換えることもできます。貯蓄と投資の差額は、貿易黒字と財政赤字に等しいということです。

貯蓄（S）－投資（I）＝財政赤字（G－T）＋純輸出（EX－IM）

もし投資（I）が変わらない状態で貯蓄が減った場合には、貯蓄と投資の差額が小さくなりますから、貿易黒字を減らすか、国の借金（つまり財政赤字）を減らすしか、埋め合わせる方法はありません。逆に貯蓄が増えた場合には、貿易黒字が増えたか、国の借金（財

図06

財政赤字は貯蓄で穴埋めする

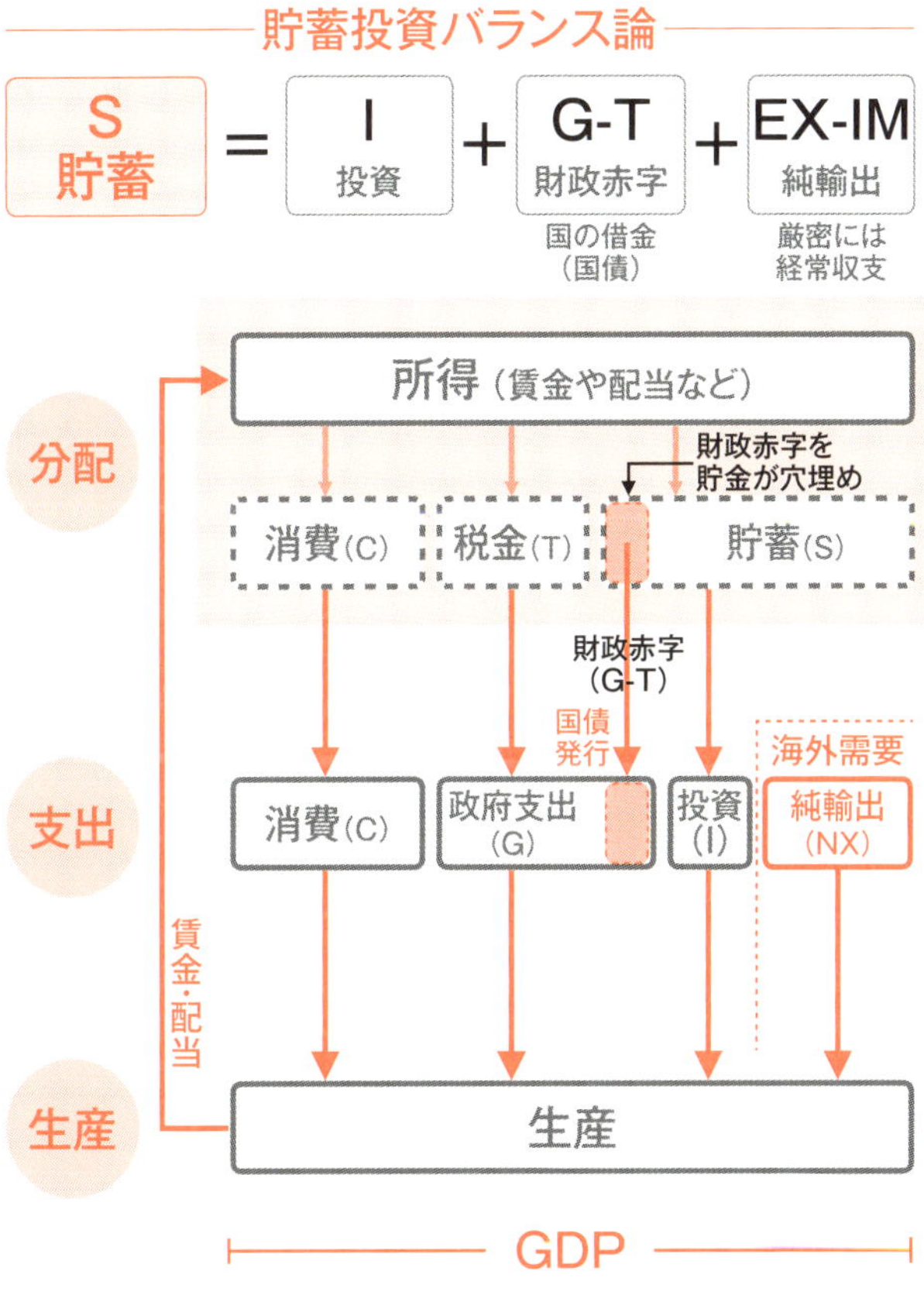

政赤字）が拡大したかのどちらかです。

貿易赤字は経済にとってマイナスなのか？

高齢者が生活のため貯金を取り崩した場合、貿易収支が赤字になるという話はこのモデルで説明することが可能です。

高齢者が貯蓄を取り崩すと、貯蓄と投資の差額が減少しますから、この分は、貿易黒字が減少するか、財政赤字が減少しないとカバーできません。**つまり貯蓄が低下すると、貿易収支や財政収支に大きな変化が発生する可能性が高いわけです。**

しかしながら、一連の話と経済成長は直接、関係しません。

赤字という言葉はネガティブなイメージがあるせいか、貿易赤字は経済によくないとのイメージが定着しています。しかし、経済学では、単にお金の出入りがマイナスになっているることを示しているだけですから、それが経済成長にとっていい、悪いということを意味しているわけではないのです。

重要なのは、どのようにお金が回っているのかという点です。貯蓄が減ったり、貿易収支が変わったり、財政赤字が増大すると、お金の流れが大きく変わります。これが経済を変化させる要因になるわけです。

お金の回り方が、社会の仕組みとうまくマッチしない場合、経済成長に影響が出てくることになります。

儲かるポイント6

ＩＳバランスの変化が相場の転換点となる

ＩＳバランス論は長期的な投資戦略の立案に活用することができます。

例えば、１９８０年代の米国は大きな財政赤字を抱えており、貿易収支も赤字になっていました。

ＩＳバランスの式における貯蓄（Ｓ）と投資（Ｉ）の差額が同じであれば、財政赤字が増えた場合、貿易収支も悪化することになります。**市場では財政赤字と貿易赤字は双子の赤字と呼ばれ、株価の重しとなっていたのです。**

しかし１９８０年代の後半には、ドル安による輸出拡大によって経常収支が大きく改善し、米国の貯蓄も増加していきました。

90年代に入ると、米国経済は質的な転換を遂げます。財政健全化を進め、財政収支が大幅に改善しましたが、投資が拡大して貯蓄と投資の差額が減少、経常収支は再び赤字になりました。

しかし投資が拡大したことで、米国経済は持続的な成長モードに入り、90年初頭に２０００ドルだったダウ平均株価は95年には５０００ドルにまで上昇していきます。**ＩＳバランスの変化が相場の状況を変化させたわけです。**

80年代と90年代で仕組みが変わった

ところが米国市場はここからさらに大きな変貌を遂げます。

１９９０年代の後半に入ると、貿易赤字がさらに拡大し、投資も増えて貯蓄が著しく減少しました。ところが投資の拡大が消費を促し、経済がさらに成長したのです。株価には弾みが付き、5000ドルから1万ドルへと上昇しました。

一見すると1980年代の双子の赤字と同じように見えますが、これは経済が成長し、投資が増えた結果としての貯蓄投資差額の減少です。

つまり米国経済は1980年代から1990年代にかけてその仕組みを大きく変えたことが分かります。1980年まででは貿易赤字が経済にとってマイナスに作用する構造でしたが、**1990年代以降は、活発な消費の結果として貿易赤字がマイナスになる体制に変化しています。**

米国はリーマンショック後、貯蓄率が上昇し、消費が多少抑制されましたが、量的緩和策によって経済が回復すると再び貯蓄率が低下し、投資が活発になってきました。米国の株価は現在、最高値を付けた状態にあります。

過去を振り返ると、ISバランスが変化するタイミングは、相場の転換点だったことがよく分かります。米国はたまたまかもしれませんが、すべてがうまく作用し、経済の転換が株価上昇をもたらしてきました。

日本の場合は経常収支の変化に注目

一方、日本は常に巨額の財政赤字を抱えています。

リーマンショック後に一時、貿易収支が赤字となりましたが、その後は、元に戻っており、国際収支の状況もあまり変わっていません。つまりＩＳバランス式に大きな変化はないと考えることができます。

過剰貯蓄が財政赤字をカバーする図式が続いており、貯蓄の担い手は家計から企業にシフトしています。

輸出が増えると景気がよくなり、経常黒字が拡大。財政収支が好転するというパターンですから、日本のＩＳバランスを決めているのは経常収支である可能性が高いでしょう。つまり経常収支に大きな変化があった場合には、長期的な相場の転換点となる可能性が高いということになります。

儲かるまとめ

（経済学のキホン）

- 輸出に財政赤字が加わっても基本的な動きは同じ
- 貯蓄は、財政赤字と貿易黒字で案分される
- 貯蓄が減った場合、貿易黒字を減らすか、財政赤字を減らさないとバランスが取れない

【儲かるポイント】

- ＩＳバランス論は長期戦略の立案に応用できる
- 米国はＩＳバランスが頻繁に変わり、それが相場の転換点となってきた
- 日本のＩＳバランスは同じ状況が続いており、大きな変化はない。変化があるとすれば経常収支が動いた時

Chapter 02

第2章 景気がよくなるか、悪化するか、ココで判断!

「金利」が分かれば経済が読める

経済学のキホン7

景気が拡大すると貨幣の需要が増える

第2章では、いよいよ景気の拡大や縮小について分析するフェーズに入ります。その前に、もうひとつだけ押さえておくべき重要な項目があります。**それは貨幣市場の存在です。**

品切れを防ぐため借金しても仕入れる

これまで扱ってきたGDPに関するモデルは、すべて、モノやサービス（経済学の用語では「財」と呼びます）の市場を対象としていました。

消費や投資というのは、何らかの形でモノやサービスを購入することですから、話の起点はモノやサービスになります。モノやサービスの需要と供給のバランスが取れたところで経済が均衡しているわけです。

図07

貨幣需要には大きく分けて2種類ある

取引需要
資産需要
「取引的動機」に基づく需要
「投機的動機」に基づく需要
GDPが増えると
取引需要が拡大する
金利が低いと
資産需要が拡大する
1章で説明した消費や投資は「財市場」。
それとは別に「貨幣市場」があります

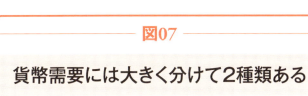

しかしモノやサービスと同様、お金にも市場があります。お金に対する需要が高まるとお金が不足し、多くの人がお金を欲しがらない時にはお金が余ります。**経済学の世界ではこれを「貨幣市場」と呼んでいます。**

「財市場」と「貨幣市場」の2つがバランスするところで経済状態が決まるというのが、マクロ経済の基本的な考え方です。

お金の需要を決める要因としては主に2つあると考えられています。**ひとつは取引需要で、もうひとつは資産需要です。**

景気がよくなると世の中ではモノやサービスの取引が活発になりますが、そうなってくると、たくさんのお金が必要となります。

例えば、小売店のようなビジネスの場合、商品が在庫として並んでいなければ商売になりません。つまり先にお金を払って商品を仕入れる必要があるわけです。

景気が拡大して、商品の売れ行きがよくなると、品切れが発生する可能性が高まります。品切れを起こしてしまうと、いくら顧客が商品を欲しがってもそれを売ることができませんから、お店にとっては大きな機会損失です。

したがって、景気がよくなると、店主は、より多くの品物を先に購入することで品切れを防ごうとします。もし十分なお金がない場合には、店主は銀行から借金しても、仕入れを優先するでしょう。

こうした動きが社会全体で起こるわけですから、場合によっては貨幣が不足することになります。**景気が拡大すると貨幣に対する需要が増えるというメカニズムですが、これを貨幣の取引需要と呼んでいます。**この話は、GDPが増大すると貨幣需要も増えると言い換えることが可能です。

お金持ちは債券に投資しようとする

もうひとつの需要は資産運用としての需要です。

貨幣はただ持っているだけでは何も生み出しませんが、債券などに投資すると利子という形で利益を得ることができます。**したがって利子が一定水準以上に上昇している場合、お金を持っている人は、債券に投資しようと考えます。**

多くの人が債券を購入して貨幣を手放そうとしますから、現金への需要は低下することになります。逆に、利子があまりにも低く、債券に投資しても大きな利益を得られない場合、債券に投資する人は少なくなります。

債券はデフォルト（債務不履行）のリスクがありますから、低い金利でそのようなリスクを取ることは割に合いません。このような状況では、多くの人が現金を欲しがるので、貨幣に対する資産需要は増えることになります。

整理すると、**貨幣の取引需要はＧＤＰが増えると増加し、ＧＤＰが減少すると減少します。一方、貨幣の資産需要は金利が低いと増え、金利が高いと減少します。**

儲かるポイント7

機関投資家が好む債券投資に注目

一般的に投資というと、株式投資や不動産投資などが思い浮かぶと思います。

多くの資金を持つ個人投資家であれば話は別ですが、債券に日常的に投資をしている投資家は少ないでしょう。**実際のところ、ある程度以上の資金を持っていないと債券投資はあまり合理的ではありません。**

しかし機関投資家の世界では債券投資は株式より圧倒的に規模が大きく、景気の動向に大きな影響を与えています。

したがって株式にしか投資をしない投資家であっても、債券の動きについてよく理解しておく必要があるのです。どのような投資家であっても、債券市場の動向は日常的にチェックしておいた方がよいでしょう。

なぜ債券が買われると金利は下がるのか?

債券の動きは、通常、金利の水準で示されます。金利の動きと債券の動きは逆になりますからこの点には注意が必要です。

多くの人が債券を購入すると、その分だけ金利が下落します。逆に多くの人が債券を売ると逆に金利は上昇します。**低金利というのは債券が買われているということであり、高金利は債券が売られている状態です。**

債券が買われると金利が下がるのは、購入価格が上がった場合、最終的な利回りが低下するからです。

例えば額面が100円で利率が3%の債券があると仮定しましょう。これを95円で買えば、1年で得られる利益は利子の3円と購入金額(95円)と償還金額(100円)の差額である5円を加えた8円ですから、利回りは約8・4%です。

しかし、この債券を多くの人が購入し値段が99円に上昇した場合はどうでしょうか。99円で購入して1年後に3円の利子と1円の差額ですから、利回りは4%に下がっています。金利というのは利回りのことを指しますから、債券の価格が上昇すると、金利が低下するのです。

逆にこの債券が90円まで値下がりした場合には、利回りは14・4%まで上昇することになります。債券価格の下落は金利の上昇ということになります。

報道などでは、「債券価格は下落(金利は上昇)」など、混乱しないよう表記に工夫がなされていますが、専門家のコメントにはこうした工夫はありませんから、債券の価格動向について情報収集する際には注意してください。

金利が上昇するのは好景気？不景気？

一般に金利が下がる時というのは、経済の見通しが悪くなる時です。株価の上昇があまり期待できないので多くの投資家が債券を購入し、結果として金利が低下します。

先ほど貨幣需要のところで説明しましたが、金利が低下すると、今度は債券投資の魅力が減ってしまいます。

その結果、多くの人が現金で保有しようと考えますから、貨幣需要は増加するのです。**デフレの時代は現金に勝るものはないといわれますが、この状態がまさにそれを示しています。**

一方、金利が上昇するのは経済の見通しがよくなっている時です。金利が上がると債券に対する魅力が増しますから、現金の需要が減少するわけです。

整理すると、**景気動向に対する貨幣需要の動きは、取引需要ではプラスの関係、資産需要ではマイナスの関係となります。**これらの影響が絡み合って最終的な需給バランスが成立します。

儲かるまとめ

〔経済学のキホン〕

●モノやサービスと同様、貨幣にも市場がある

●貨幣需要はGDPが増えると増加する

●貨幣需要は金利にも左右される。金利が下がると貨幣需要が増加する

【儲かるポイント】

●債券市場（つまり金利動向）に注目

●債券価格が上昇すると金利は低下し、債券価格が下落すると金利は上昇する

●一般に金利が低下するのは、市場の見通しが悪い時

経済学のキホン8

金利が低下するとGDPは増加する

これまで、GDP（国内総生産）というのは、貯蓄と投資がバランスする地点で均衡するという話をしてきました。**GDPの項目に変化が生じた場合、最終的にGDPがどう変化するのかを示すのが「IS－LM分析」です。**

IS－LM分析は貨幣の総量が一定であることを前提にしており、物価水準も考慮に入れていません。**ある項目の変化がGDPにどのような影響を与えるのかという部分に特化した分析手法です。**すべてのツールに共通することですが、決して万能ではありませんから、利用する際には注意が必要です。

企業が投資を決断する材料とは？

IS－LM分析は、「IS曲線」と「LM曲線」という2つのグラフを用います。

ＩＳ曲線は、一般的なモノやサービスの市場（財市場）における金利とＧＤＰの関係を示したものです。

一方、ＬＭ曲線は、貨幣市場における金利とＧＤＰの関係を示しています。

つまりモノの市場もお金の市場も金利がカギを握っており、双方がうまくバランスする金利水準で経済が均衡するという考え方です。

第１章では、ＧＤＰは基本的に消費（Ｃ）と投資（Ｉ）の水準で決まると説明しました。**企業が投資を決断する理由は様々ですが、もっとも大きな影響を与えているのは金利です。**金利が下がるとお金を借りやすくなるので、企業は設備投資を増やし、逆に金利が上昇すると投資を抑制する効果が働くからです。

消費（Ｃ）は基本的にＧＤＰの大きさで決まると仮定しています（つまり所得の一定割合を人々は消費に回す）から、ＧＤＰの大きさが決まれば自動的に消費の額も決まります。政府支出を一定とした場合、ＧＤＰの大きさを決める要因は投資であり、投資の水準を決めるのは金利ということになります。

図08

財市場では金利が下がるとGDPが増える

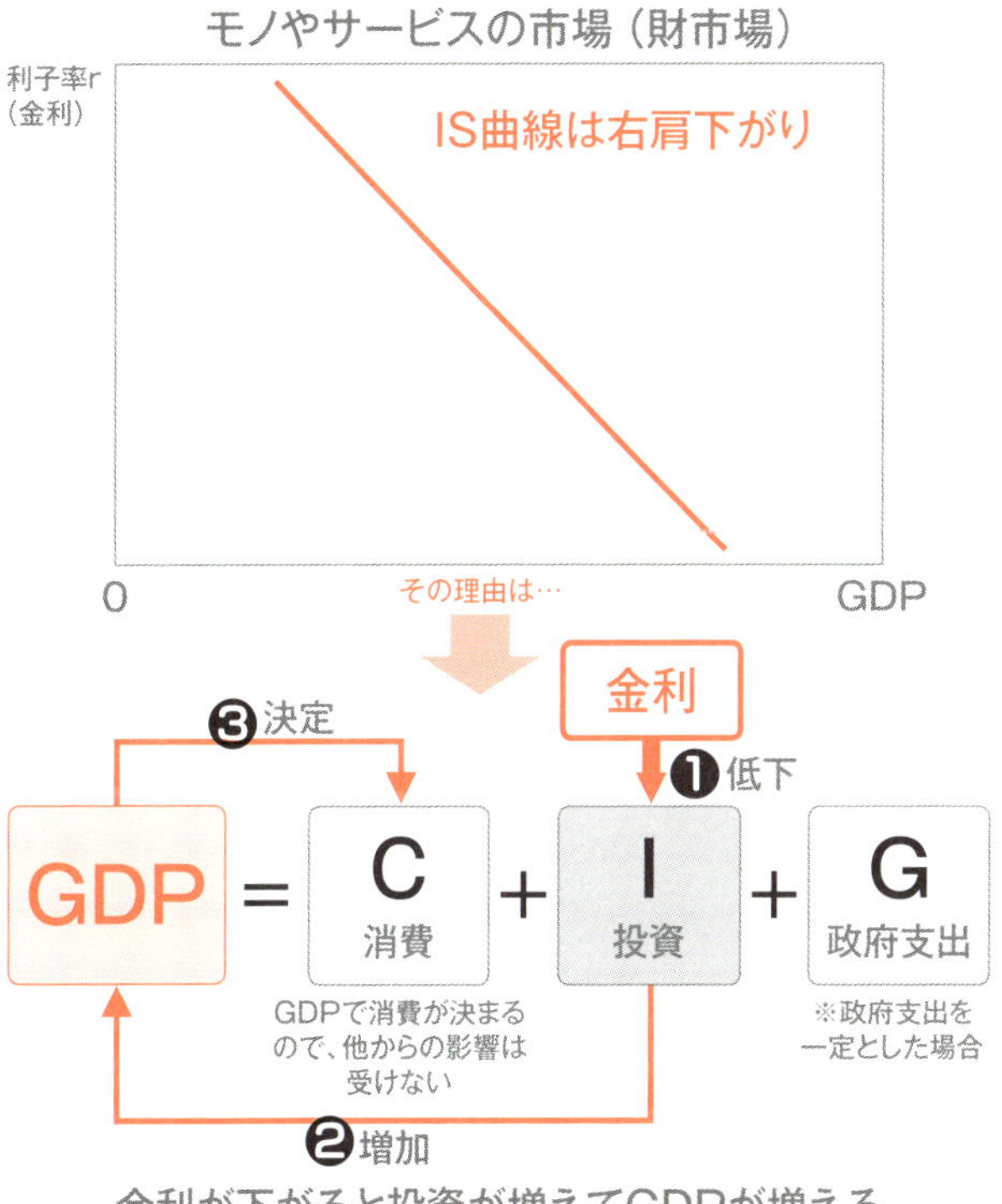

上記からIS曲線は右肩下がり

金利が下がると投資が増えるという関係ですから、最終的には投資（I）と貯蓄（S）が一致する水準までGDPが増えて、それで経済は次の均衡状態に達します。**つまり、金利の低下はGDPの増加要因というわけです。**

IS曲線が右にシフトするとき

逆に金利が上昇した場合には、投資が減少します。金利低下の時と同じように、投資と貯蓄がバランスするところでGDPは均衡します。

一連の動きは、金利が下がるとGDPが増え、金利が上がるとGDPが減るという関係ですから、GDPは金利の減少関数と言い換えてもよいでしょう。これをグラフに書くと図のようになります。金利が下がれば下がるほど、GDPは増えていきますから、グラフの形状は右肩下がりです。

IS曲線というのは、投資（I）と貯蓄（S）がバランスする地点における金利とGDPの関係を示していると解釈することができます。

ちなみに政府支出（G）は一定と仮定していますが、政府が財政出動を行うとGが増加します。

短期の動きということで金利に変化がないと仮定すると、同じ金利水準でGDPが増えますから、IS曲線は右側にシフトします。IS曲線が左右にシフトする話は、次回以降でよく出てきますから、覚えておいてください。

儲かるポイント8

実質金利と名目金利。重要なのは…？

金利と投資には、金利が上がると投資が減少し、金利が下がると投資が増えるという関係がありますが、この法則がうまく適用できないケースもあります。

現状の日本経済はまさにその典型なのですが、金利がかなり低水準になっても投資がなかなか増えません。

こうした状態を改善するには、財政出動を行うのが基本的なセオリーなのですが、日本の場合、財政赤字が大きいことから、そう簡単に大型の公共事業には踏み切れないという事情があります。

経営者は実質金利を気にしているのか？

これを打開するための手法として大きな期待を集めたのが量的緩和策でした。**量的緩和策は中央銀行が大量に国債を購入することで、市場にインフレ期待を発生させるという政策です。**

経済学では、金利が下がると投資が拡大するというメカニズムがあるとしていますが、金利には「名目金利」と「実質金利」の2種類があります。**実質金利は名目金利から期待インフレ率を引いたものですから、市場でインフレ期待が高まれば、実質金利が低下することになります。**設備投資と関係性が深いのは実質金利の方です。

名目金利はこれ以上、下げられなくても、実質金利はさらに下げられるのではないか、そして、実質金利を引き下げれば、これが設備投資を促すのではないか、というのが量的緩和策の基本的な見立てです。

実質金利か名目金利かという違いはありますが、金利が下がると投資が増えるというメカニズムを重視しているという点では、教科書的な処方箋といってよいでしょう。

この話を聞いて多くの人は、企業の経営者は果たして実質金利などを気にしているのかと疑問に思ったかもしれません。

筆者は、実際に企業も経営した経験がありますから断言できますが、企業の経営者は実質金利などまったく気にしていません。したがって経済の専門家が、実質金利を下げれば投資が増えて景気がよくなると説明しても、ほとんどまやかしにしか聞こえないのはよく理解できます。

これは経済の専門家の説明がよくないのですが、実質金利が変わると、多くの人がその数字を認識していなくても、現実の懐具合は確実に変わってきます。その結果として、経済的な行動も変化するのです。

それを難しく言うと「実質金利で投資行動が変化するという」という話になるわけです。

投資で成功するうえで最も大切なこと

残念なことに、量的緩和策で実質金利を引き下げるという試みは、当初はうまく作用したかに見えましたが、途中からはインフレ期待が萎んでしまい、十分に効果を発揮しませんでした。

しかしながら、量的緩和策の発動直後の株式市場や為替市場は、まさに理論的な動きとなり、その波に乗った投資家は大成功しました。

投資で成功するためには、状況に応じて柔軟に行動する必要があります。タイミングがすべてですから、いつでも動ける準備をしておいてください。

儲かるまとめ

（経済学のキホン）

●設備投資は金利の動向で決まる

●金利が下がれば投資が増えてＧＤＰが増える

●ＩＳ曲線は金利とＧＤＰの関係を示しているので、ＩＳ曲線は右肩下がりになる

【儲かるポイント】

●金利には名目金利と実質金利の2種類がある。

●経済学で重視されるのは実質金利だが、企業の現場では実質金利は重視されない

●しかしながら実質金利の変化は、企業の行動を変化させる

経済学のキホン9

貨幣市場では金利上昇でGDPが増加

モノやサービス（財）の市場では、金利が下がるとGDPが増えるという関係が成立していました。**お金の市場（貨幣市場）はこれとは逆の動きを示します。**

貨幣は物やサービスの取引に必要となるので、経済規模が大きいと貨幣需要も増大することになります（取引需要）。一方、貨幣には、取引以外の需要も存在しています（資産需要）。

経済は貨幣の過不足を解消しようとする

金利が高い場合には、多少リスクがあっても、債券に投資した方が有利なので、貨幣を保有していたいと思う人は少なくなります。**したがって金利が高いと、貨幣に対する資産需要は減少するのです（経済学のキホン7を参照）。**

一方、金利が低いと債券投資はあまり魅力的には感じられません。低い金利で債券投資のリスクを取るくらいなら現金で持っていたいと考える人が増えるので、貨幣に対する資産需要は増大することになります。

金利が上がると資産需要が減り、金利が下がると資産需要が増大するわけですが、もし、経済全体で供給される貨幣の量が一定だと仮定すると、経済は貨幣の過不足を解消するような方向に動こうとします。

つまり、資産需要が減少しているのであれば、その分だけ取引需要が増えるようバランスされることになるわけです。取引需要を増やすためには、ＧＤＰが増える必要があるので、結果的に金利が上がるとＧＤＰも増加します。

以上の動きをグラフにしたのが１１９ページの図です。

このグラフは、ＬＭ曲線と呼ばれており、貨幣の需要と供給が一致する時の金利とＧＤＰの関係を示しています。ちなみにＬは貨幣需要を、Ｍは貨幣供給のことを示しています。

ＩＳ曲線とＬＭ曲線が交わったところで経済は落ち着く

ここでＩＳ曲線（財市場）とＬＭ曲線（貨幣市場）が出揃ったわけですが、両者は逆方向の動きをすることが分かります。

モノやサービスの市場においては、金利が下がっていくとＧＤＰも増えるという関係が見られます。**一方、貨幣市場においては、金利が上がっていくと、ＧＤＰが増えるという関係です。**

つまり、財市場と貨幣市場では、金利の動きに対して、ＧＤＰがまったく逆の動きをするということになります。

財市場と貨幣市場で示されたＧＤＰが、互いに逆の動きをするということは、ある金利水準に対して、ＩＳ曲線とＬＭ曲線の両者が均衡状態になる地点でＧＤＰが決定されるということを意味しています。

この地点がどこなのかを探るのがＩＳ－ＬＭ分析の主眼です。

図09

貨幣市場では金利が上がるとGDPが増える

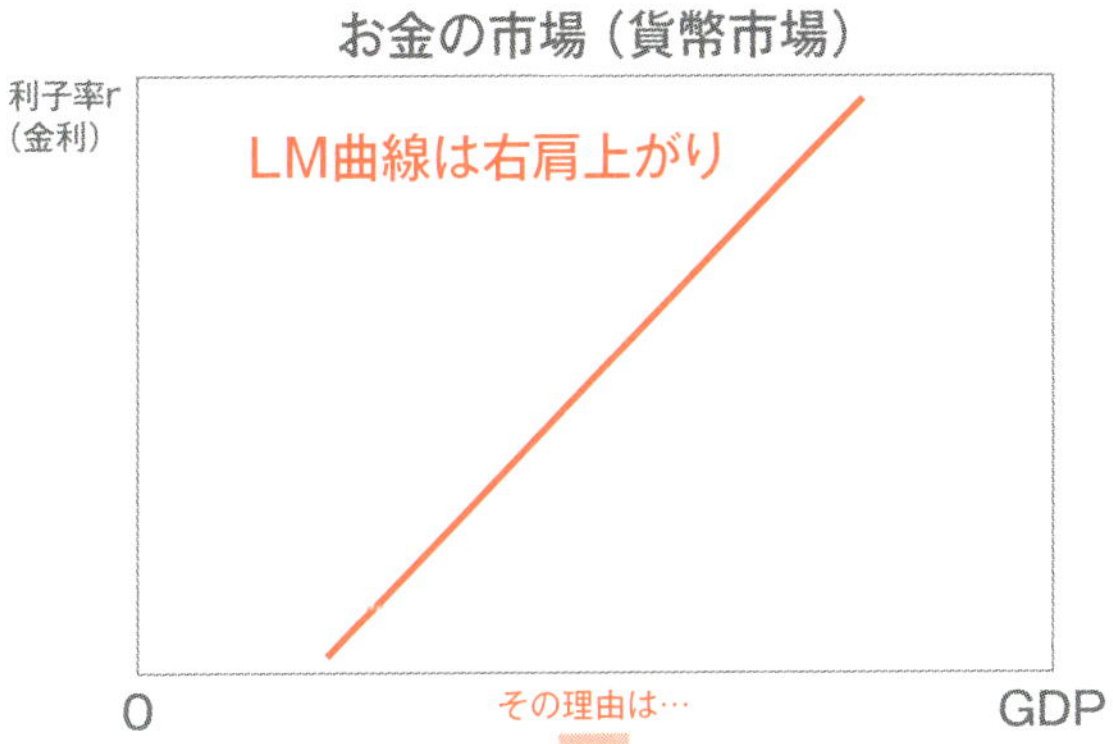

その理由は…

金利上昇
↓
資産需要減少
↓
取引需要が
増えるよう
GDPが増加

金利低下
↓
資産需要増加
↓
取引需要が
減るよう
GDPが減少

取引需要と資産需要は相互にバランスする

上記からLM曲線は右肩上がり

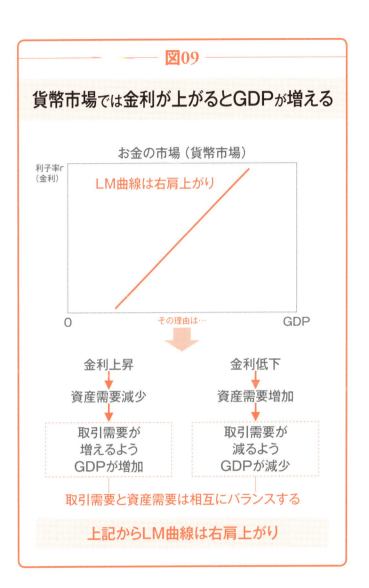

もし、ＧＤＰを構成する項目のどれかが変化した場合、ＩＳ曲線かＬＭ曲線に影響を与え、これが金利水準の変更を促します。つまり、財市場と貨幣市場の均衡が崩れ、ＧＤＰは新しい均衡地点を目指して変化するわけです。

このメカニズムが理解できると、経済の動きについて、ある程度、筋道立った見通しを立てることができるようになります。

儲かるポイント9

流動性の罠は投資の大チャンスだった

貨幣市場では、金利が上がるとＧＤＰも増えるという関係が成立しますが、いついかなる時もこの関係が成り立つわけではありません。金利が低い状態で動かなくなり、ＧＤＰの大きさにかかわらず、金利が一定になってしまう（つまりＬＭ曲線が水平になってしまう）ことがあります。

これを経済学では流動性の罠と呼んでいます。

小泉改革と安倍改革の違いとは？

詳しくはＩＳシフトやＬＭシフトの項目で解説しますが、ＬＭ曲線が水平になってしまうと金融政策が効かなくなってしまいます。デフレと低金利が進んだ日本経済は、まさにこの状況に陥っており、過去20年の経済政策はこの状態からどうやって抜け出すのかという試みの繰り返しでした。

流動性の罠を克服するためには、ＬＭ曲線の方向を元に戻すという根本的な治療法と、ＬＭ曲線がフラットなままでも経済政策が効くようにする対症療法的なやり方の2つがあります。

ＬＭ曲線がフラットでも、理屈上、財政出動は効果がありますから、１９９０年代は、次々と大型の公共事業が実施されました。しかし目立った効果は得られず、大量の借金だけが残るという結果に終わっています。

こうした状況を受けて、2000年代には、LM曲線がフラットになっている状態を根本的に改善しようという動きが出てきました。小泉内閣が進めてきた構造改革がこれに相当します。制度疲労を起こした日本経済を一度、解体し、市場メカニズムの復活によって金利を正常化しようと試みたわけです。

ところが構造改革は国民の大反対にあって頓挫し、実現半ばで中止となりました。

2013年からスタートしたアベノミクスは、再び対症療法に戻り、金融政策をさらに極端に進めることで効果を発揮させるという、量的緩和策に踏み切りました。当初は物価が上昇し、投資が促進されるかに見えましたが、その後、物価は伸び悩み、現在に至っています。

経済政策に逆張りするとほぼ負ける

投資の世界には「国策に売りなし」という格言があります。

政府が本気で取り組む経済政策に対して逆張りをすると、ほぼ負けが確実という意味です。現状を打開しようという経済政策に対しては、少なくとも最初のうちは素直に従った方が得策です。

実際、大規模な財政出動が実施された１９９８年から２０００年にかけては株価が上昇していますし、小泉改革が実施された２００３年から２００７年にも大幅な上昇が見られました。アベノミクスで株価が上昇したことは多くの人が認識しているでしょう。しかし、それぞれの相場の雰囲気はかなり違っています。

財政出動による景気刺激策は、ＬＭ曲線のフラット化には触れない対症療法ですから、その効果には限度があり、株価の上昇も限定的でした。**一方、小泉改革は頓挫したとはいえ、根本治療でしたから市場の期待は極めて高い状態で推移しました。この時の相場ではいわゆる「億り人」が続出しています。**

アベノミクスも一種の対症療法ですが、量的緩和策というまったく新しいアプローチへの期待から、小泉相場に準じる動きとなりました。

政策に賭ける投資といっても、経済学的な意味合いを理解した上での投資と、そうでない投資では、撤退のタイミングやリスクの取り方などが変わってきます。長期にわたって投資で成功するためには、こうした視点を持つことが重要です。

儲かるまとめ

（経済学のキホン）

●貨幣には取引需要と資産需要があるが、両者は常にバランスするように動く

●金利が上がると資産需要が減るので、それをカバーするようにＧＤＰが増加し、取引需要が増える

●金利が上がるとＧＤＰが増えるという関係が成立するので、ＬＭ曲線は右肩上がり

【儲かるポイント】

●ＬＭ曲線がフラットになると金融政策が効かなくなる。これを流動性の罠と呼ぶ

●公共事業は対症療法、構造改革は根本治療、アベノミクスは対症療法であり、株式市場への影響も異なる

●少なくとも最初のうちは、政府の経済政策に沿って動いた方が利益を得られる可能性が高い

経済学のキホン10

財政出動のメリットと思わぬデメリット

2019年の消費増税への対策として期待

IS－LM分析は、財政政策や金融政策が実施された時、GDPがどう動くのか理解するための手がかりとなります。

財政出動は景気対策としてよく用いられる手法です。日本はバブル崩壊後、何度も大型の公共事業を実施してきましたし、アベノミクスにおいても、財政政策は2本目の矢として位置付けられました。2019年には消費増税が予定されていることから、景気の腰折れを防ぐため、大型の財政出動を期待する声もあるようです。

財政出動が行われた場合のGDPの動きについて、「財市場」と「貨幣市場」に分けて考えてみましょう。まずは財市場です。

もし、金利の水準が変わらない状態で財政出動が実施されると、その分だけ政府支出(G)が増えることになりますが、民間の投資は同じ水準に維持されます。その理由は、投資は基本的に金利水準によって決まってくるからです。

投資が変わらず、財政出動分だけ政府支出（G）が増えるので、GDPもその分だけ増えるという結果になります。では貨幣市場はどうでしょうか。

貨幣市場では、GDPが増えると貨幣の取引需要が増加します。貨幣の量が一定なら、その分だけ貨幣の資産需要が減らないとバランスが取れませんから、**金利が上昇して、債券投資を促進（つまり貨幣を放出）するような力学が働きます。**

また、政府が公共事業を実施する場合には、大抵の場合、国債を発行して市中からお金を借り入れます。大量の国債を発行すると、国債が余りますから、やはり金利は上昇するでしょう。

財政出動の景気への効果はいかほどか？

金利が上昇すると、企業はお金を借りにくくなるので、設備投資が抑制されるという効

図10

景気対策として「財政出動」が実施されたらGDPはどうなる？

財政出動を実施

（IS曲線の右シフト）

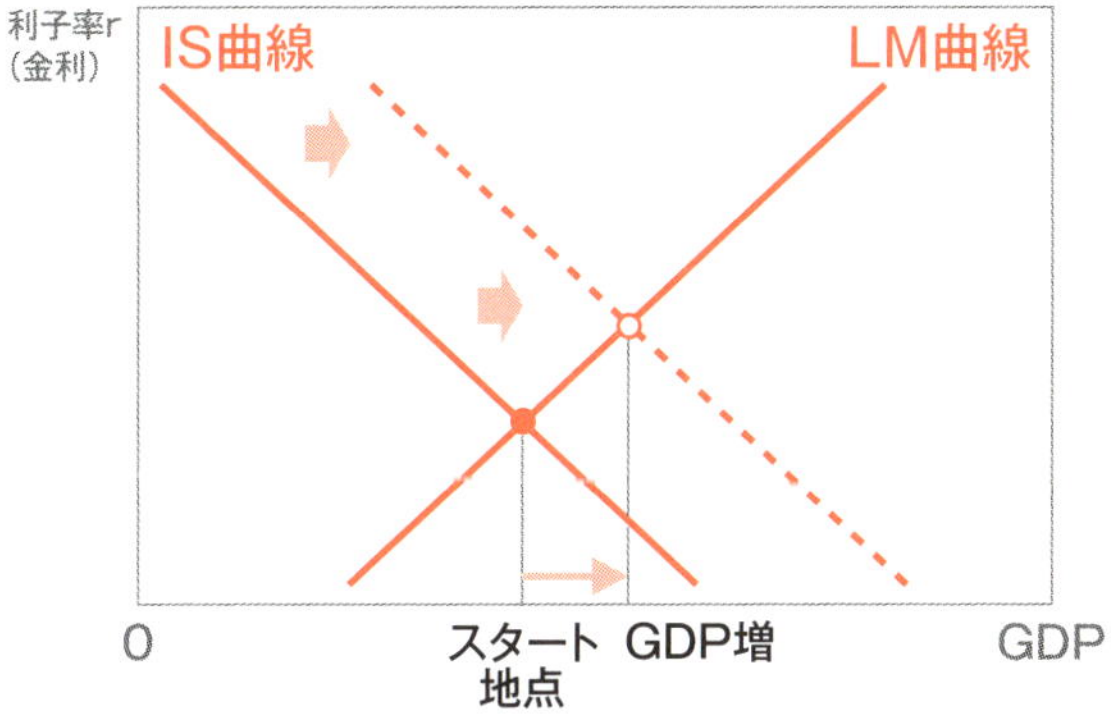

財政出動はIS 曲線を右シフトさせ、金利を引き上げると同時にGDPを増やす

果が出てきます。投資が抑制されるとＧＤＰは減少しますから、最終的にはある地点でＧＤＰは落ち着くことになります。

これを、先ほどのＩＳ曲線に当てはめてみましょう。

財政出動が実施されると、同じ金利水準におけるＧＤＰは大きくなるので、ＩＳ曲線は右側にシフトします。

しかし、ＧＤＰが増えると貨幣に対する需要が増加し、やがて金利が上昇します。その結果、投資が減少してＧＤＰも減少し、最終的な地点に落ち着きます。

当初は財政出動した分、ＧＤＰが増えるのですが、これが金利上昇を招き、民間の投資を減らしてしまいます。財政出動が金利を上昇させ、その結果として民間の投資が減ったということですから、財政出動が設備投資を抑制したという解釈になります。

財政出動を行ったものの、それによって民間投資が縮小して効果が薄れてしまうことを経済学の用語ではクラウディング・アウトと呼んでいます。ＩＳ-ＬＭモデルで考えるなら、財政出動を実施する場合には、民間投資などへの影響も十分に考慮する必要があるわけです。

ＩＳ曲線の右シフトは、金利が変わらない状態で、所得が増えるという状況ですから、財政出動だけでなく、減税などでも同じ効果が得られます。

儲かるポイント10

いよいよ金利が上昇する局面が訪れる？

財政出動すると金利が上昇して民間投資を抑制するというクラウディング・アウトは常に発生するとは限りません。またＩＳ-ＬＭ分析は基本的に閉じた経済圏を想定していますから、資本移動がある場合には、別のモデルを適用する必要があります（マンデル＝フレミング・モデルについては経済学のキホン12を参照）。

米国では金利がさらに上昇していく可能性が

バブル崩壊後の日本では、景気対策から、財政出動が繰り返し行われてきましたが、金利は上昇していません。

クラウディング・アウトが発生すると、金利の上昇で円高となり、これが輸出を抑制することで、財政出動の効果が大きく損なわれるというのが定説です。確かに金利の上昇は発生しませんでしたが、円高が進み、これが財政出動の効果を抑制してきたことは間違いないでしょう。

つまり、デフレ傾向が強く、実質的な金利は上がっていましたから、クラウディング・アウトの効果は発生していたと考えることもできるわけです。

一方、米国ではクラウディング・アウトによると思われる現象がしばしば発生しています。**代表的なのは、1980年代に発生した「双子の赤字」です。**

1980年代の米国では、財政赤字が拡大。これによって金利が上昇し、これが民間の投資を抑制してしまいました。経常収支も悪化したことから、当時は双子の赤字と呼ばれていたわけです。
このため1980年代は、GDPが伸び悩み、株価もあまり上昇しませんでした。その後、クリントン政権が財政再建を進めたことから財政収支が改善。それに伴って景気も拡大し、以後、20年にわたって続く株価の長期上昇が実現しています。

現在のトランプ政権においてもクラウディング・アウトの発生が懸念されています。トランプ政権は10年間で1・7兆ドルにのぼる減税策を打ち出し、米国の景気を加速させようとしています。

米国はすでにかなりの好景気となっており、しかも量的緩和策をすでに終了していることから、金利の上昇フェーズに入っています。

こうしたところに、大型減税を実施すると、米国の財政収支が悪化するのは確実です。そうなってくると、上昇傾向となっていた金利をさらに引き上げ、これが投資を抑制する可能性が出てくるわけです。

特に米国の場合、住宅はもちろんのこと、自動車もローンで購入するケースが多く、不用意に金利が上昇すると、消費にマイナスの影響が出る可能性があります。トランプ政権による減税策は基本的には株価にはプラス材料ですが、クラウディング・アウトが本当に懸念される状況となった場合には、米国の株価も楽観視することはできません。

金利の上昇で大量の国債が売られる

日本でも、クラウディング・アウトが発生しないという状況が半永久的に続くとは限りませんから注意が必要でしょう。

日本政府は大量の国債を発行していますから、ひとたび金利が上昇してしまうと国債の売りが売りを呼び、金利上昇が連鎖的に発生する可能性があります。

これほど金利が低くても、投資が伸びていないという状況を考えると、**金利上昇が始まった時の投資の抑制は大きくなる可能性があります。**今後は、金利動向に関して、細心の注意を払っておく必要がありそうです。

儲かるまとめ

（経済学のキホン）

●財政出動などが行われるとＩＳ曲線が右側にシフトするので、その分だけＧＤＰは増加する

●貨幣市場では金利が上昇し、これが民間の設備投資を抑制してしまうことがある（クラウディング・アウト）

【儲かるポイント】

●日本ではクラウディング・アウトは発生しなかったが、実質金利は上昇し、円高に

●米国ではトランプ政権の政策でクラウディング・アウトの発生が懸念されている

●日本もいつまでも低金利である保証はない

（経済学のキホン11）

財政出動と金融政策、効果が大きいのは？

金融緩和は理屈の上ではプラスに作用

政府が景気対策として、財政出動ではなく、量的緩和策といった金融政策を実施した場合はどうなるでしょうか。

中央銀行が何らかの形で貨幣の供給量を増加させると、最初に影響を受けるのは貨幣市場です。 ＧＤＰの水準が変わらないところに、余剰のマネーが供給されますが、当面の使い道はありません。マネーの多くは利子を求めて債券市場に流れる結果となるでしょう。**皆が債券を買いますから、債券価格は上昇します。**

債券価格が上がったということは、金利が下がったということなので、同じ経済状態のまま低金利に移行することになります。

これまで何回も説明してきましたが、企業の設備投資は、基本的に金利の水準に反比例

図11

景気対策として「金融緩和」が実施されたらGDPはどうなる？

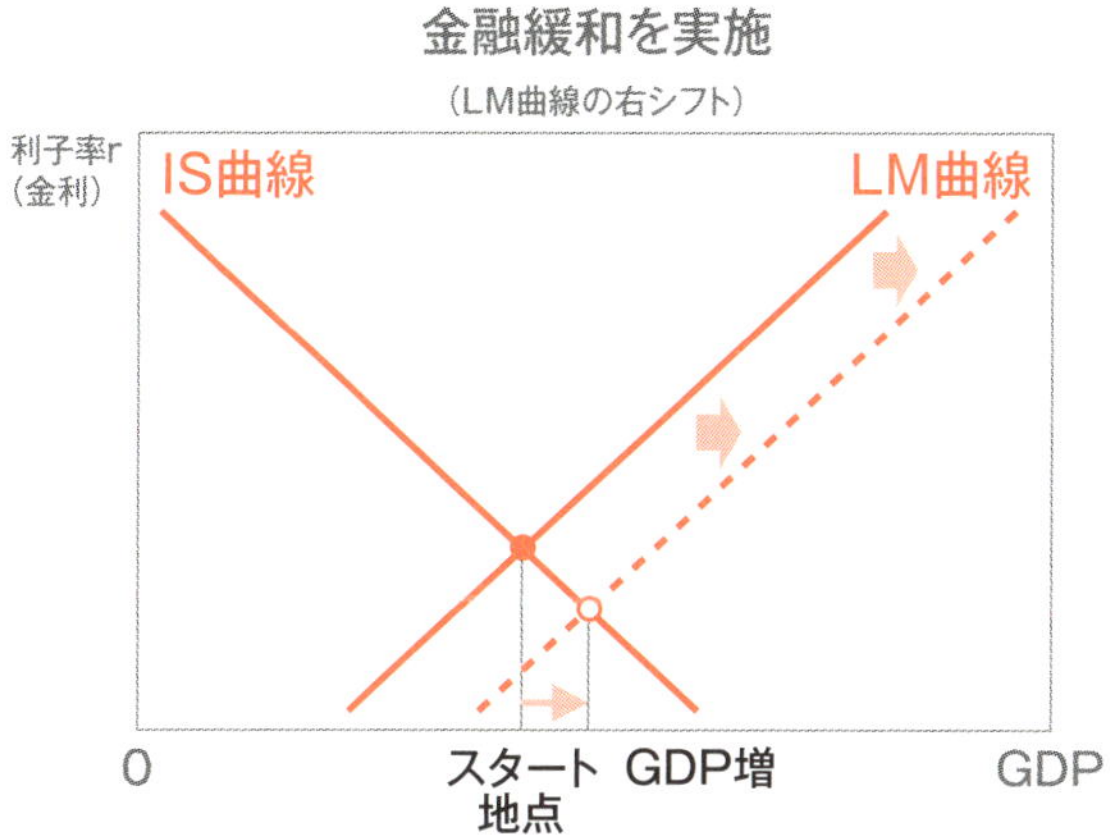

金融緩和はLM曲線を右シフトさせ、金利を引き下げると同時にGDPを増やす

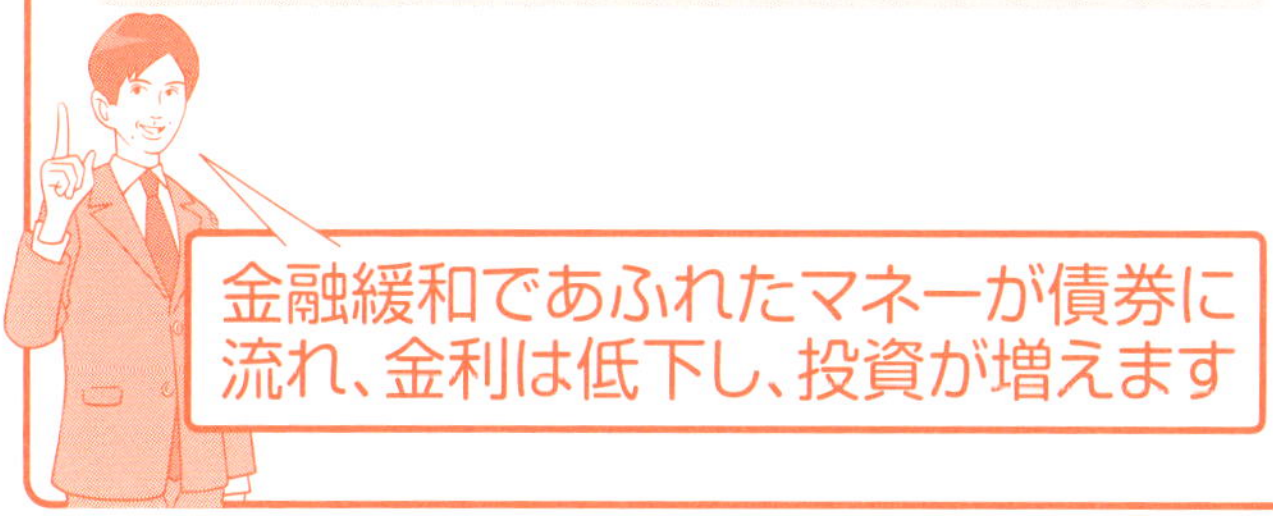

します。金利が下がると企業はお金を借りやすくなるので、民間の投資が増える結果をもたらします。

この時、消費や政府支出の金額は変わらないので、GDPは投資の分だけ増加します。したがって、金融緩和を実施した場合、財政出動のケースと同じく、理屈の上では景気にプラスに作用するわけです。

リーマンショック後に量的緩和したワケ

これを先ほどのLM曲線に当てはめると以下のようになります。

GDPの水準が変わらない状態で貨幣の量が増加すると、貨幣が供給過剰になります。この状態を解消するためには取引需要が増える、つまりGDPが増える必要があるので、LM曲線は右側にシフトします（LM曲線が右にシフトした様子は前ページの図を参照してください）。

LM曲線が右側にシフトすると、金利が低下して民間の投資が増加し、GDPが増加。

ＩＳ曲線とＬＭ曲線が交わる点で新しい均衡に達することになります。**この地点は以前のGDPより大きいですから、金融緩和は景気にプラスということになります。**

ただし、金利があまりにも低い状態に陥ってしまうと、中央銀行がマネーを供給しても、ある水準以下に金利が下がらなくなることがあります。ＬＭ曲線はある地点から水平になり、金利に影響を与えません。これが経済学のキホン9で説明した流動性の罠という状況です。

このような状態になってしまうと、いくら金融政策を実施しても効果がなくなってしまいます。**流動性の罠に陥った場合には、原則として財政出動しか選択できないというのが定説です。**

財政出動にも金融政策にも一長一短があるという話ですが、現代の経済学では、総合的には金融政策の方が効果的であるというのが、一般的なコンセンサスとなっています。**このため先進各国ではあまり財政出動は選択されません。**

リーマンショック後の対応策として、各国が量的緩和策を実施したのもそうした理由からです。

しかしながら、財政出動の効果が大きいと主張する専門家も存在しており、どちらがよいのかという議論は今後も続いていくことでしょう。

儲かるポイント11

電子マネーの普及は景気にプラスか？

日本が突出した現金大国であることはよく知られています。

日本国内に流通する紙幣と硬貨の総額はGDPの2割近くに達していますが、この数字は他の先進国と比較するとかなり高くなっています。

米国や欧州では、コンビニの買い物にもクレジットカードや電子マネーを使う人が多いので、街中で現金を見ることはほとんどありません。

また中国のように、カードのインフラが整っていなかった国では、逆にスマホを使った電子決済が急速に普及し、結果的に欧米と同様、キャッシュレス化が一気に進みました。

日本だけが特殊だったわけですが、こうした環境が大きく変わろうとしています。最大の理由は銀行のリストラです。

日本では20万台のATMが稼働している

日本で現金決済がなくならないのは、日本人が現金好きということに加え、ATM網の整備が進んでいるからだといわれてきました。現在、日本では約20万台のAMが稼働しており、これが現金の使い勝手をよくしていたのですが、銀行にとってATM網は極めて重い負担となりつつあります。

メガバンク各行は低金利で収益が低下していることに加え、フィンテックの進展によって近い将来、多くの収益源を失う可能性が高まっています。

このため、各行は大規模な人員整理とコスト削減を余儀なくされており、ATM網の見直しが進められています。

ATMが消滅した後の決済インフラとして想定されているのが、QRコードを使った決済システムです。メガバンク各行は、QR決済について統一規格の策定に乗り出すことを決定。日本のキャッシュレス化を一気に進めたい考えです。

キャッシュレス化は投資のチャンスに？

もし、数年の間に一気にキャッシュレス化が進んだ場合、マクロ経済的にも大きな影響が出てくる可能性があります。

電子マネーが普及すると、現金決済の比率が低下します。そうなると、同じ取引を実施するために必要な現金の量が少なくて済みます。

これに加えて企業決済に関する商習慣も変わる可能性があります。現金払いによる商品引き渡しといった従来型の商習慣が見直された場合、やはり貨幣の取引需要の減少につながるでしょう。

経済全体で貨幣の取引需要が減った場合には、ＬＭ曲線の傾きが緩やかになり、結果としてＬＭ曲線の右シフトに近い効果が得られる可能性があります。これは、先ほどの貨幣供給の増加と似ています。

つまり、電子マネーが普及すると、ＬＭ曲線が事実上、右にシフトし、金利の低下が発

生する可能性があるわけです。そうなると、投資が活発になってGDPが拡大するという道筋も見えてくることになります。

電子マネーを普及させると経済がよくなるという話ですが、一方ではATMなどの設備が消えることで投資が減る要素もあります。一概には言えませんが、この先、キャッシュレスが大きな投資テーマになる可能性は高いでしょう。

儲かるまとめ

〔経済学のキホン〕

- 金融緩和が行われると、LM曲線が右側にシフトする
- 金利が低下して投資が促進され、GDPが増える
- 金融政策は景気にプラスの効果をもたらす

【儲かるポイント】

- 日本は先進国では珍しい現金主義の国

●キャッシュレス化が進むと、貨幣の取引需要が減少し、金融緩和と似た効果が得られる可能性がある
●キャッシュレス関連企業の株価は想像以上に上昇する可能性がある

経済学のキホン12

貿易があると財政出動の効果は弱まる

これまで説明してきた金利とGDPの関係は、為替取引の影響を考慮していません。つまり理屈上は閉じた経済圏を想定していることになります。

しかし、現実には、鎖国でもしない限り、完全に閉じた経済というものは存在しません。外国に対して経済が開放された状態では、経済は少し異なる動きを見せます。**これを示しているのがマンデル＝フレミング・モデルです。**

財政出動は円高でマイナス作用に

これまでの話をおさらいすると、例えば財政出動を行った場合、閉じた経済圏ではGDPが増え、金利が上昇することになります。金利が上昇した分、民間投資を阻害しますが、財政出動には一定の効果があります。

ここまでは同じですが、開放経済圏の場合、これだけでは終わりません。

開放経済圏では国境を超えた投資が自由に行われていますから、**金利が上昇すると、外国から資金が流入し、その国の通貨は高くなります。**

日本に当てはめれば円高になりますから、結果として輸出が減少し、GDPにはマイナスの力が作用してしまいます。

加えて、諸外国からたくさん資金が流入すれば、お金は余り気味となり、これらは債券投資に向かいますから、債券価格が上昇して金利が下がります。

つまり、開放経済圏の場合、せっかく財政出動を行っても、輸出の減少でGDPが減り、金利もやがては下落に転じますから、結局、もとの水準に戻ってしまうことになります。

開放経済において、財政出動はあまり効果を発揮しません。

近年、財政出動に懐疑的な見解が多いのは、世界経済がグローバル化していることによって、こうしたメカニズムが働きやすくなり、財政出動の効果が薄まっているからです。

図12

財政出動より金融緩和が効果的なワケ

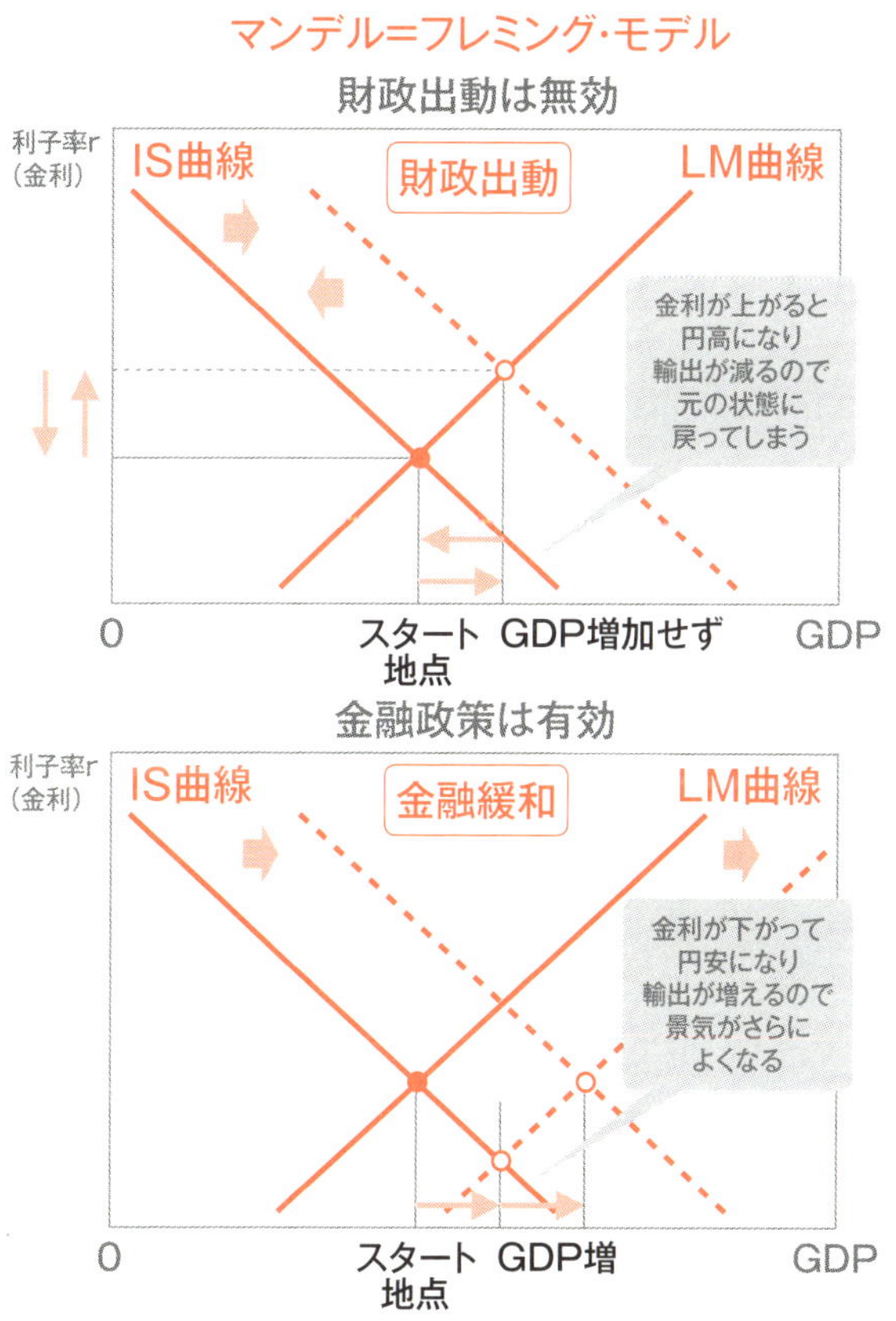

■「金利低下」＋「通貨安」でダブル効果

では金融政策はどうでしょうか。

閉じた経済圏では、金融緩和を行うと、貨幣の市場でお金が余ることになります。その結果、債券などの金利が低下し、企業は資金を借りやすくなります。企業は借りたお金で投資を拡大しますから、ＧＤＰは増大します。**閉じた経済圏では、金融政策は大きな効果を発揮することが分かります。**

では開放経済ではどのような動きになるでしょうか。

開放経済での金融政策は、閉じた経済よりもさらに大きな効果が見込めます。**金融政策の実施で金利が低下することによって資金が海外に流出し、自国通貨が安くなります。日本に当てはめれば円安になるので、輸出が活発になってＧＤＰが増大するのです。**

金利の低下によって景気が刺激されることに加え、通貨安によって輸出が増えますから、さらに景気が拡大します。開放経済においては金融政策の効果は極めて高いことがお分かりいただけるでしょう。

日本を含め、各国が財政ではなく金融政策で景気を刺激しようとしているのは、グローバル経済が発達した現代においては金融政策の効果が高いと考えられているからです。

儲かるポイント12

巨大な島国である米国への正しい投資法

マンデル＝フレミング・モデルはグローバル経済における標準的な考え方となっていますが、この理屈に必ずしも当てはまらない国がひとつだけあります。それは米国です。

米国は閉じた経済圏のような動きをする

米国は中国や日本などから大量にモノを輸入しており、世界貿易の中心に位置していますが、同時に米国は世界の金融市場の中心でもあります。したがって、**米国の金利は他国の金利や為替などからほとんど影響を受けず、米国内の経済状況によって決まってしまう**

傾向が顕著です。

つまり米国は見方によっては、外部から隔絶された巨大な島国なのです。

米国は先進国では数少ない人口増加国であり、今後も着実な需要の増加が見込めます。米国の経済は旺盛な個人消費がベースとなっており、**貿易をしているのは、付加価値の低いモノをより安く調達したいからであって、貿易を経済成長のツールにしているわけではありません。**

これに加えて米国はエネルギー大国でもあります。

米国はシェールガスの開発が進んだことで、サウジアラビアを抜いて世界最大の石油産出国となっており、自国で必要とするすべてのエネルギーを自給することが可能です。さらに言えば、米国は世界屈指の食料産出国であり、その気になれば、食料も外国に頼る必要がありません。

つまり米国は完全に世界から孤立しても、現在の豊かさを維持できるだけの基礎体力を持っていることになります。こうした事情から、米国は時に、閉じた経済圏のような動きをすることがあるのです。

保護貿易をしても景気が拡大するワケ

多くの人はこうした事実を見逃しています。

筆者はトランプ政権の経済政策はあまり評価していませんが、トランプ氏が大統領に選出されるとすぐに米国株を大量に買い増しました。その理由は、**米国は閉じた経済圏という側面があり、トランプ氏が主張する保護貿易を実施しても、減税やインフラ投資といったIS曲線をシフトさせる政策が同時に行われれば、景気が拡大する可能性が高かったからです。**

フタを開けてみれば、実際、その通りになり、米国株が急上昇したことで筆者は大きな利益を上げることができました。

しかし、トランプ氏が選挙で勝った時点における日本の雰囲気は総悲観といった状況でした。それはマンデル＝フレミング・モデルが提示する標準的な構造について、多くの人が深く考えることなく、丸暗記でそれを受け入れていたからです。

特に学校のお勉強が得意なタイプの人ほどこうした傾向が顕著といってよいでしょう。**投資というのはタイミングがすべてです。どんなによい銘柄を見つけることができても、**

マクロ的によいタイミングで投資できなければ、すべて水の泡です。

マンデル＝フレミング・モデルの本質を理解していれば、少なくとも短期的には、トランプ政権の誕生が株価にとってプラス材料になることは十分に予想できたはずです。

儲かるまとめ

〔経済学のキホン〕

- ●グローバル経済の下では、為替が変化するので、財政政策の効果が薄くなる
- ●一方、グローバル経済では金融政策の効果が極めて高い
- ●各国が、金融政策を重視していることには、経済学的な理由がある

【儲かるポイント】

- ●米国は巨大な島国なので、グローバル経済とは異なる動きをすることがある
- ●経済理論は本質を理解することで、初めて投資やビジネスへの応用が可能となる

Chapter 03

第3章 株価の先を占う２つの曲線に注目！

「物価」で決まる儲けのチャンス

経済学のキホン13

物価が下がるとGDPは増加する

これまで取り上げてきたＩＳ－ＬＭ分析は、基本的に物価が一定であることが前提となっていました。

現実には物価が上下変動し、これが経済に影響を与えますから、物価の動きをモデルに組み入れる必要があります。これがＡＤ－ＡＳ分析です。

金利が下がるからＧＤＰも増える

経済学ではモノやサービスを取引する市場のことを財・サービス市場、貨幣を取引する市場のことを貨幣市場と呼びます。経済は需要と供給のバランスで成り立っていますが、これはモノと貨幣の間でも同じです。

ＡＤ曲線は、財・サービス市場と貨幣市場が均衡する時の物価とＧＤＰの関係を示した

ものです。物価が下がるとGDPが増え、物価が上がるとGDPが減少します。つまりAD曲線は右肩下がりになっているわけですが、理由は以下の通りです。

IS－LM分析のグラフでは、貨幣市場における均衡を示すLM曲線は右肩上がりとなっていました。

もしこの状態で物価が下落した場合には、同じ貨幣の量でより多くのモノが購入できるようになります。これは金融政策で貨幣の量を増加させたことと同じ効果をもたらしますから、LM曲線は右側にシフトします。

LM曲線が右側にシフトすると金利が下がるので、投資が促進されてGDPが増加します。つまり物価が下がると、金利が下がってGDPが増えるという関係ですから、物価とGDPの関係は逆相関となります。これをグラフにしたのがAD曲線というわけです。

長期と短期で物価の影響は異なる

物価が上がると動きは逆になります。

貨幣の量が変らなければ、購入できるモノの数が減りますから、貨幣供給が減少したこと同じ効果が得られます。**つまり物価が上昇すると、ＬＭ曲線は左側にシフトします。**

ＬＭ曲線が左側にシフトすると、金利が上がりますから、投資が抑制され、結果としてＧＤＰは減少することになります。物価が上がると、ＧＤＰが減るという流れが成立するわけです。

この話はあくまで短期的なもので、長期的に見た場合、物価は市場に供給される貨幣の総量で決まります（貨幣数量説についてはは経済学のキホン15で解説）。

例えば、経済全体に供給されているお金の量が2倍になれば、最終的には物価も2倍になりますが、社会で取引されるモノやサービスの量は変わりません。**つまりお金は実体経済に影響を与えないわけです。**

しかしながら、**短期的には物価は様々な動きを見せますから、それによってＧＤＰも大きく変動することになります。経済の専門家が物価動向に注意を払っているのはそのためです。**

ちなみに財政出動や金融政策といった景気刺激策を実施すると、同じ状態でＧＤＰが増加しますから、ＡＤ曲線は右側にシフトすることになります。つまりＧＤＰが増えて物価

図13

物価が下がるとGDPは増える

AD曲線の導出

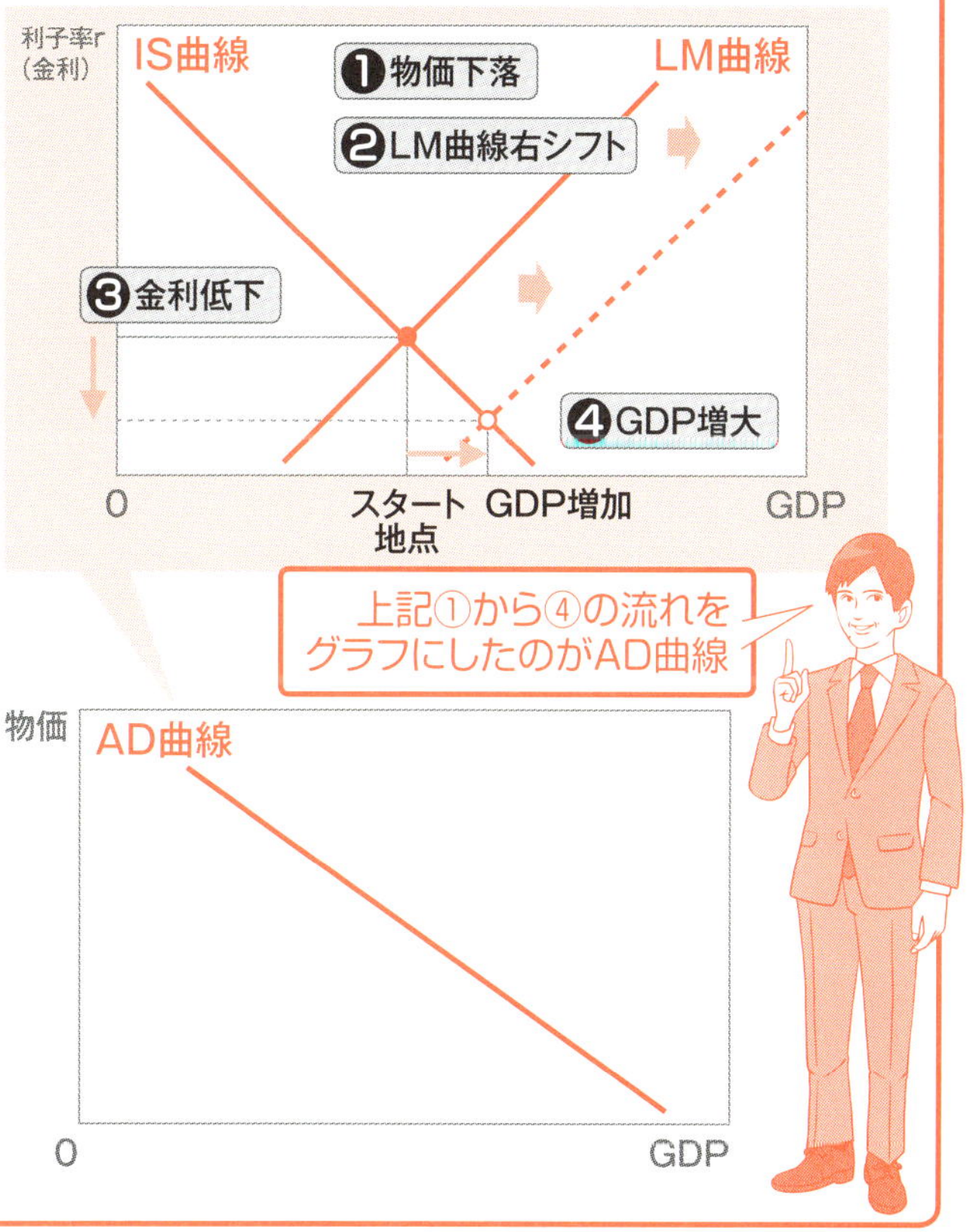

が上昇するという結果をもたらします。

儲かるポイント13

大幅値下げでスーパーは絶好調！一方…

コンビニとスーパー、どちらに投資する？

物価が上がると消費が冷え込みＧＤＰが減少するというＡＤ曲線の関係は、直感的に分かりやすいと思います。特に消費が弱体化している今の日本経済では、消費動向は物価の影響を受けやすくなっています。

小売各社の決算状況はこうした物価の影響を顕著に示しています。

２０１８年２月期におけるコンビニ各社の決算は総じて低調でした。業界トップのセブンは海外事業が好調で大幅な増益となりましたが、国内のコンビニ事業はあまり伸びていません。

コンビニは基本的に定価販売を原則としてきましたから、安く大量に商品を売るというビジネスモデルではありません。

このところドラッグストアとの競合が激しくなっていることから、客数が減少しており、**これを補うため単価の高い商品を増強してきました。**

一方、大手スーパーのイオンは、営業利益が過去最高を記録しています。

イオンは2017年に商品の大幅な値下げを実施しました。**消費が弱い状況では、物価が上がると経済が冷え込んでしまうということを熟知していますから、脱デフレという政府の方針に反して、価格を引き下げたわけです。**同社の岡田社長は「デフレ脱却など幻想だ」とも発言していますから本気度は高いようです。

2018年2月期の決算はこうした決断が功を奏して、顧客1人が購入する商品の量が増え、結果として大幅な増益となりました。

小売店への投資を検討する場合には、単純な業績に加えて、価格をどう設定するのかという価格戦略について十分に注意する必要があります。

マクロ的な状況と各社の状況を考え合わせ、ベストな組み合わせとなる企業を選択するのです。

牛丼は値上げすべきか、値下げで稼ぐべきか

この話は外食産業にも当てはまります。

牛丼チェーン各社は原材料費の高騰などから、2014年以降、相次いで商品の値上げを実施してきました。しかし、2015年の秋には、今度は各社が一斉に、キャンペーンを実施し、期間限定の値下げを行っています。特にすき家については値上げの直後に値下げするというドタバタぶりでした。

各社が急に値下げキャンペーンを実施したのは、値上げによって客数が減少してしまったからです。**期間限定の値下げキャンペーンは客数の減少を補うための苦肉の策だったわけです。**

各社は、値上げで客単価の向上を狙いたいところですが、値上げすると客足は遠のいて

しまいます。両者の絶妙なバランスを取れるギリギリの地点を見つけ出さないと、こうした外食産業は大きな利益を上げることができません。

個別商品の需要と価格の関係についてはミクロ経済学の範疇となっており、厳密には、ここで取り上げたマクロ経済における関係性とはメカニズムが異なります。

しかし、最終的な物価は個別商品の積み上げで決まりますから、小売店の販売動向は、価格に大きく左右されます。小売店や外食への投資を検討する際には、この視点を欠かしてはいけません。

儲かるまとめ

（経済学のキホン）

- ＩＳ－ＬＭ分析では物価が一定だったが、現実には物価が変化しＧＤＰに影響を与える
- 需要面では物価が下がると需要が増えるので、ＧＤＰの増加要因となる
- 需要面における物価とＧＤＰの関係を示すＡＤ曲線は右肩下がりとなる

【儲かるポイント】
●小売店の売上高は物価の影響を大きく受ける
●外食産業も同様に物価の影響が大きい
●消費が弱い時にはその傾向が顕著となる

（経済学のキホン14）

物価が上がると雇用が増えるカラクリ

物価の動向は、モノやサービスを買う側（需要側）だけでなく、企業の生産活動（供給側）にも影響を与えます。物価の変動がモノやサービスの供給にどのような影響を与えるのかを示したのがAS曲線です。

今の賃金は高いのか、安いのか？

物価が供給に影響を与えるのは、労働者の賃金が変わるからです。

企業にとって労働者の賃金は安ければ安いほど好都合です。賃金が安いと安価なコストで大量の労働者を雇うことができるというのがその理由です。このため企業は物価が安いと、たくさんの労働者を雇って生産を拡大しようとします。

では企業は、賃金が安いか高いかをどのようにして判断するのでしょうか。

賃金が前年より上がっていたとしても、物価の上昇がさらに大きければ、企業にとって労働者の相対的な賃金は安くなります。

物価が上がっているのなら、製品の価格に転嫁することでより多くの利益を稼げるからです。したがって企業は、名目賃金ではなく、物価の影響を考慮した実質賃金の動向で雇用を決めると考えることができます。

実質賃金が増えれば企業は雇用を削減し、実質賃金が減れば企業は雇用を拡大します。つまり実質賃金と雇用の間には逆相関があるわけです。

では雇用と生産にはどのような関係があるでしょうか。

企業が雇用を増やせば一般的には生産が伸びます。生産が伸びればＧＤＰは増えますから、雇用の増加はＧＤＰの増加要因ということになります。

物価上昇がプラスに出る場合、マイナスに働く場合

以上の関係を整理すると、物価上昇→実質賃金の下落→雇用の増加→ＧＤＰの増加という流れが見えてきます。つまり物価が上昇するとＧＤＰは増え、物価が下落するとＧＤＰ

図14

物価が上がるとGDPは増える

AS曲線の導出

❶物価上昇

↓

❷実質賃金下落

↓

❸雇用増加

↓

❹GDP増大

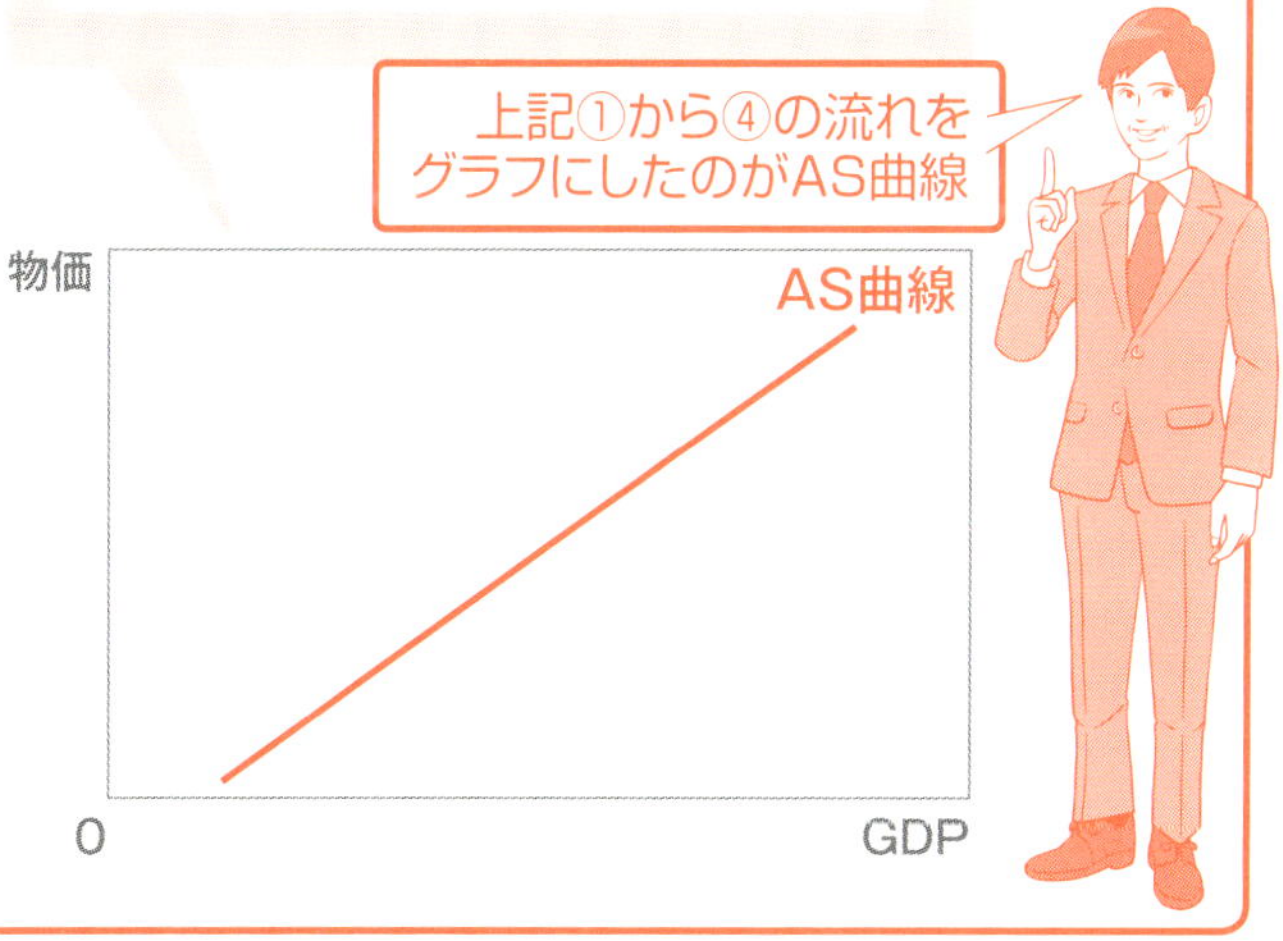

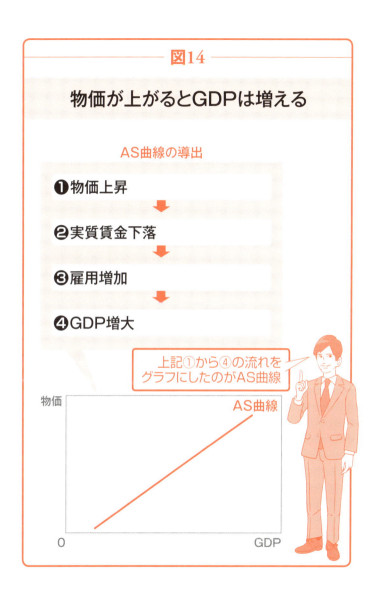

は減少します。この関係をグラフにしたのがＡＳ曲線です。

ＡＳ曲線は上記の関係から右肩上がりの形となりますが、これは需要を示しているＡＤ曲線とは逆になっています。最終的な物価とＧＤＰは２つの曲線がバランスするところで決まると考えます。

つまり労働市場を通じて需要と供給がバランスし、最適な物価とＧＤＰが決定されるという仕組みです。**物価が上がると雇用が増えるという関係は、経験則的によく知られており、この経験則を元に導き出されたのが、フィリップス曲線です。**

フィリップス曲線は、失業率と物価の関係を示したもので、失業率を横軸に、物価を縦軸にすることが多くなっています。物価が上がると景気が拡大し、ＧＤＰが増えて失業率も減るという流れです（あるいはＧＤＰが増えると失業率が減って物価が上がる）。グラフの形状はたいてい左肩上がりとなります。

景気の動向を分析する際には、物価の上昇が需要側（消費者）と供給側（企業）にどのような影響を与えるのかについて考える必要があります。

物価が上昇した場合、消費の低迷よりも企業側の生産強化が上回れば景気にはプラスに

作用します。しかし物価の上昇が需要を大きく減少させた場合には、結局は生産側にも影響を与え、景気は低迷してしまいます。

どちらに傾くのかは状況によって異なりますから、需要側あるいは供給側にだけ偏って考えないことが大事です。

儲かるポイント14

インフレに強い銘柄で儲ける方法

株式投資をしていないと損をする

現在の日本は20年以上デフレが続いている状況ですが、これは世界的に見ても非常に珍しいケースです。経済が成長すると基本的に物価も上昇しますから、経済が成長していればインフレ傾向になるのは自然な現象といってよいでしょう。

株式投資をしている人ならよく分かっていると思いますが、インフレが進むと現金の価値が毀損しますから、金融資産が預金に偏っている人は大きな損失を抱えてしまいます。**インフレ時代においては、株式投資をしていないと資産を防衛することすらできません。**

歴史的にほとんどの時代がインフレであったことや、日銀の量的緩和策によって大量のマネーが市場に供給されていることなどを考え合わせると、日本もいつインフレに転じてもおかしくありません。

私たちは予言者ではありませんから、日時を予測するのはナンセンスです。

しかし、いつインフレに転じてもいいように、投資のポートフォリオはインフレに強い銘柄を意識しておくなど、工夫が必要でしょう。

そうはいっても、インフレになるのはいつなのか、投資をしている人からすると非常に気になるところです。先ほどのＡＳ曲線やフィリップス曲線は、インフレ動向の分析によく用いられますから、これを使って少し頭の体操をしてみましょう。

薄利多売で儲けてきた企業は失速する

日本のフィリップス曲線は、左肩上がりではなく、フラットになっていると説明されることがあります。つまり失業率に関係なく物価が上がらない状態です。

確かにその通りなのですが、グラフにプロットされるのはここ20年のデータであることがほとんどです。バブル崩壊以降は、不景気とデフレが続いたので、失業率にかかわらず、物価上昇は限定的となり、グラフは水平となっていました。

しかし、1960年代まで遡ってデータを入力すると日本のフィリップス曲線はまったく異なる様相を見せてきます。**失業率が2・5%を切ると急激に物価が上昇し、教科書的な右肩下がりのフィリップス曲線に近くなってくるのです。**

今の日本経済がインフレになりにくい体質だといっても物事には限度があります。一定のしきい値を超えればどのような経済でもインフレになる可能性はあります。

先ほど、日本のフィリップス曲線では失業率が2・5%を切ると急激にインフレになる傾向があると説明しましたが、実は、**日本の失業率はこのところ急激な勢いで低下しており、インフレを警戒する水準にまで下がっているのです。**

２０１８年５月時点の完全失業率は２・２％となっており、インフレのしきい値を突破しました。今後、失業率がさらに低下するようなら、インフレに対する警戒が必要ではないかと筆者は考えます。

インフレが進むと、いわゆる薄利多売で利益を上げてきた業種は不利になります。外食チェーンなどがその代表ですが、低価格を売りにした商品の場合、価格転嫁が難しいですから、インフレ時には業績が低迷する可能性が高まります。

不動産は一般的にインフレに強いですが、日本は人口が減っていますから、場所の吟味は必要でしょう。グローバル銘柄もインフレに強い業種の一つと考えて差し支えありません。

儲かるまとめ

（経済学のキホン）

- 物価の影響はモノやサービスの供給側にも影響を与える
- 供給面では、物価が上がると失業率が低下し、生産が拡大するので、物価上昇はＧＤＰの増加要因となる
- この経験則を元に作られたのがフィリップス曲線

【儲かるポイント】

- 日本は20年以上デフレが続いてきたが、これは歴史的にも珍しいケース
- 日本のフィリップス曲線を見ると、インフレが近い事を示している
- 投資家の一部はすでにインフレ対策を進めている

物価は貨幣の量で決まる

ＩＳ－ＬＭ分析では、貨幣需要は金利によって変わることが大前提です。これは主にケインズ経済学で提唱されたものですが、貨幣については異なる見解もあります。**それが古典派による貨幣数量説です。**

貨幣数量説は、物価というのは貨幣の量に比例するという経済学上の理論です。貨幣数量説では、貨幣の量は実体経済に影響を与えず、見かけ上の物価を変えるに過ぎません。つまりお金の量が2倍になれば、物価が2倍になるだけで、お金の量で経済が変化するとは考えないのです。

これは、貨幣というものは、取引の仲立ちをするだけの存在に過ぎないということですから、「貨幣の中立性」とも呼ばれます。

フィッシャーの交換方程式とは？

貨幣数量説は長期的には成立しやすいことが知られていますが、短期的には、貨幣の量が経済に影響を与えるため、状況に応じた使い分けが必要です。

貨幣数量説に基づいて、シンプルに物価と貨幣の関係を示したのが、「フィッシャーの交換方程式」です。

MV＝PT

Mは貨幣の量、Vは貨幣の流通速度、Pは価格、Tは取引量です。

Vは各国ごとに固有の数字があり、短期間では変化しないと考えられています。Tの取引量は実質GDP（国内総生産）で代替することが可能ですから、物価水準Pを決めるのは貨幣の量とGDPの2項目ということになります。

実質GDPも大きく変わらない場合、貨幣の量が物価水準を決めるという結論が得られます。

政府は何もしないのがベスト

貨幣数量説に立つと、貨幣の量をコントロールしても、物価を上下させることはできますが、実体経済に影響を与えることはできません。したがって各種の金融政策は無効という結論になります。

厳密な貨幣数量説に立つと、各種の金融政策を実施するのは無意味ですから、政府は何もしないのがベストという考え方にならざるを得ません。

現在、日銀が行っている量的緩和策は、日銀が積極的に資産を購入して市場に貨幣を供給する政策ですから、基本的には貨幣数量説をベースにしています。メディアの報道でも、量的緩和策を推進する経済学者（いわゆるリフレ派）は貨幣数量説に立脚していると解説されることがよくあります。

しかしながら、厳密な意味での古典派的な貨幣数量説は金融政策を否定していますから、量的緩和策は貨幣数量説だけに基づいているわけではありません。

中央銀行が大量に貨幣を供給するとインフレが発生するというのは、貨幣数量説的な考

図15

物価は貨幣の量に比例する

フィッシャーの交換方程式

$$MV=PT$$

M マネーサプライ（発行された貨幣の量）

V 貨幣の流通速度（通常は一定）

P 物価水準

T 取引量（実質GDP）

↓

$$P(\text{物価}) = \frac{M\,V^{\text{一定}}}{T^{\text{一定}}}$$

GDPが変わらないなら、
物価は貨幣供給量で決まる

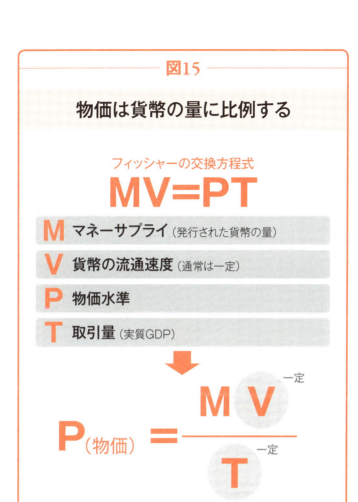

え方です。中央銀行が提供する貨幣が2倍になれば、単純に物価は2倍になろうとします。量的緩和策では、期待インフレが発生することで実質金利（名目金利からインフレ率を引いたもの）が低下し、投資が拡大するとも考えますが、これはIS－LM分析で用いた、金利が下がると投資が促進されるという従来型のメカニズムです。

今の時代は複数の考え方や理論をミックスするのが当たり前ですから、○×派という考え方にはあまりこだわらない方がよいかもしれません。

儲かるポイント15

量的緩和に真っ先に為替が反応した

貨幣数量説は短期的には成立しないことが多いのですが、投資の世界では必ずしもそうではありません。株価や為替は、投資家の期待値で形成されることが多く、その範囲内では特定の理屈に忠実であることも多いからです。

1ドル80円台から120円台へ大きく下落

量的緩和策はあまり効果を上げなかったと認識されていますが、一定期間内の為替市場や株式市場ではそれなりに効果を発揮していました。

日銀は2013年4月の金融政策決定会合において、大量の資金を市場に供給する量的緩和策を開始しました。その結果、日銀が金融機関に供給するマネーの総量を示すマネタリーベースは、年間80兆円のペースで増加することになりました。

この量的緩和策に真っ先に反応したのが、為替です。

安倍政権発足前には、為替は1ドル＝80円台でしたが、2013年には1ドル＝100円まで円が下落、2015年には1ドル＝120円となりました。株価もこれに合わせて大きく上昇しています。

2012年の段階で1万円を割り込んでいた日経平均は、2013年後半には1万5000円台に乗せ、2015年には2万円を突破しました。

為替市場がすぐに反応したのは、日銀によるマネー供給によって円の価値が減価すると

市場が判断したからです。実際、マネタリーベースの金額は半年で30％増加し、為替は同じ期間で約20％減価しました。

円が安くなると、その分だけ輸出産業の見かけ上の売上高や利益が増加しますから、それに合わせて株価も上昇することになります。市場にインフレ期待を持たせるという日銀の思惑は、短期的な市場動向という部分においては、うまく作用したともいえるわけです。

日銀の「ブタ積み」資金の行方は？

量的緩和策は景気をよくするために実施していますから実体経済がよくならなければ意味がありません。

しかし投資というのは、期待で買って、現実を売るというやり方が通用する世界です。一部の投資家は、量的緩和策に素直に反応し、大きな利益を上げることに成功したわけです。

一方、貨幣数量説が長期的には成立しやすいということであれば、日銀が市場に供給した大量の円資金は将来のインフレ要因とみることができます。

２０１８年9月末時点において、日銀は４６２兆円の国債を保有しており、当座預金には396兆円の現金が積み上がっています。**銀行は融資先の開拓に苦慮しており、国債売却の代金として振り込まれた資金を活用できず、ただ預金している状態です。**

日本のGDPは530兆円しかありませんから、この規模の経済に400兆円近い現金が短期間に提供されれば、物価はすぐに2倍程度になってもおかしくありません。

もっとも日銀が提供した資金は、日銀の当座預金にただ積み上げられているだけで、金融業界ではこれを「ブタ積み」と呼んでいます。

このマネーが市中に出回らない限り、インフレにはならないわけですが、想定外に資金が出回ることになれば、インフレが加速する可能性は十分にあります。

そうなった場合には、まずは為替が円安になり、続いて株価が大きく上昇するはずです。投資家は、当座預金の状況について常にチェックしておく必要があるでしょう。

儲かるまとめ

〔経済学のキホン〕

- 古典派は物価は貨幣の量で決まると考える（貨幣数量説＝貨幣は実体経済に影響を与えない）
- 短期的には物価は経済に影響を与えているが、長期的に見ると貨幣は経済に影響を与えていない
- 貨幣数量説は長期分析に用いるのが主流

【儲かるポイント】

- 日銀は大量のマネーを供給したが、このマネーは当座預金に積み上がっており、市中には出回っていない
- 貨幣数量説が正しいなら、いずれこのマネーは市場に出回り、物価を上昇させる

Chapter 04

第4章 為替投資に役立つマネー教養

海外投資で稼ぐための貿易についての基礎知識

経済学のキホン16

比較優位――輸入したほうが儲かるもの

マンデル＝フレミング・モデルの項目でも説明したように、外国との貿易が自由に行われている状態では、従来型の財政政策の効果は薄くなります。それでも、多くの国が自由貿易を望むのは、その方がすべての国にとってメリットが大きいからです。

自由貿易のメリットを解明してくれるのが、経済学における比較優位説です。

比較優位説のポイントとなっているのは、**各国が得意な分野に特化した方が、全員にとって利益になるという点です。**

航空機を作るより部品を作るほうが得意

それぞれの国には得意なことと不得意なことがあります。一国ですべてを賄うのではなく、自国経済の中で相対的に得意なものに特化し、不得意なものは輸入した方が、経済全体の生産力が増加し、全員が豊かになることができます。

比較優位説はしばしば誤解を受けます。

もっとも多いのは、「相手国よりも得意な産業に特化しなければならない」という誤解でしょう。もしそうなら、他国より強い産業がない国は、何もできなくなってしまいます。比較優位はそうではなく、国内の産業の中でより得意なものにシフトするという意味です。

例えば、航空機の分野は、航空機本体を製造するビジネスと、部品を手がけるビジネスの2種類があります。航空機はもともと米国で発達した産業ですから、航空機本体も部品も、米国企業が得意としてきました。

残念ながら日本の航空機産業は、米国よりも劣っていますが、国内で比較すれば、航空機本体の製造よりも部品の方が得意です。

そうであれば、無理に航空機本体に力を入れるのではなく、部品製造に力を入れた方がよいという結論になります。一方、米国も航空機本体の方がより得意であれば、そこに特化した方が合理的です。

ＴＰＰを推進するワケはここにある

もう少し詳しく説明してみましょう。米国では航空機１機を製造するのに80人の労働者が必要と仮定します。日本はさらに多く１２０人を必要とします。一方、部品製造に従事する労働者は、米国は90人、日本は１００人と仮定しましょう。

航空機も部品も、日本は米国より生産性が低いですが、日本の中では部品の方が航空機本体よりも得意です。一方、米国はどちらも日本より勝っていますが、航空機本体の方をより得意としています。

この場合、米国は航空機本体を、日本は部品を作り、足りない分は輸入した方が、全体の生産量は多くなります。 詳細な計算は省きますが、米国は航空機に特化することで生産量を約７％、日本は部品に特化することで生産量を10％ほど増やすことが可能となるのです。

これが自由貿易のメリットであり、各国がＴＰＰ（環太平洋パートナーシップ）のような自由貿易体制を推進しているのは、このメリットを享受するためです。

しかしながら、ここにはひとつ問題があります。**各国が得意な分野への集中を過度に進**

図16

自由貿易のメリットを解明する比較優位説

日米が比較優位の産業に特化しない場合

	航空機		航空機部品	
	人数	生産量	人数	生産量
米国	80	1	90	1
日本	120	1	100	1
合計生産量	2		2	

日米が比較優位の産業に特化した場合

	航空機		航空機部品	
	人数	生産量	人数	生産量
米国	170	2.125	0	0
日本	0	0	220	2.2
合計生産量	2.125		2.2	

めてしまうと、産業の偏在化が進んでしまいます。産業の偏りが激しくなると、競争がなくなり、逆に世界経済が停滞する可能性も出てきます。また、多くの国で産業構造を変えられないという事態に直面することも考えられます。

ちなみに相手国より「強い」「弱い」という概念は「絶対優位」と呼ばれており、「比較優位」とは区別されています。

儲かるポイント16

TPPで日経平均株価は2割上昇

比較優位説というものをベースにした時、TPPのような貿易協定の成立について投資家はどう解釈すればよいのでしょうか。

整理すると、自由貿易を推進した場合、基本的には各国にとってメリットがありますが、産業が偏在化するリスクが出てくることになります。産業偏在化によるデメリットを自由貿易のメリットが上回れば、その国にとってはプラスの効果が大きく、自由貿易の推進は株価にとって好材料となります。

逆に産業偏在化のデメリットが大きい場合には、株価にはマイナスの影響となる場合も出てくることになります。

経済に占める農業の割合はわずか1％

一般的に産業が偏在化して困るのは新興国です。

新興国は、農業から軽工業、重工業といった具合に、産業をシフトさせることで、社会を豊かにしていくという政策が採用されます。農作物の輸出で稼いだ外貨を軽工業の設備投資に回し、その利益をさらに高度な産業に充当していくわけです。

ここに完全な自由貿易体制が入り込んでしまうと、場合によっては、新興国は産業のシフトが出来なくなります。このため、新興国はＴＰＰのような自由貿易体制には慎重なスタンスを示すわけです。

一方、日本のような先進工業国の場合、こうした産業偏在のデメリットはあまり多くあ

りません。確かにＴＰＰが締結されてしまうとコメなど日本の農業の一部は大きな打撃を受けます。

しかし日本経済に占める農業の割合は、わずか１・１％です。しかも生鮮野菜など消費地と生産地が近くなければ取引が成立しない品目については、輸入品の影響をあまり受けません。仮に農業の一部がダメになって日本の産業がより工業やサービス業にシフトしたとしても、マクロ的な影響はほとんどないと考えられます。

個別の農家などへの支援はまた別の話になりますから、**あくまで投資という観点で物事を考えた場合、日本のような国にとってＴＰＰは確実にプラス材料です。**

米国が抜けても日本は圧倒的に有利

国内では農業など打撃を受ける業種のことが話題になるケースが多く、**米国という強者がＴＰＰを推進し、日本は被害を受ける側というイメージになっていましたが、実態はそうではありません。**

ＴＰＰ参加国の中で、米国と日本のＧＤＰが占める割合は８割に達しますから、圧倒的

に日米にとって有利なゲームです。むしろTPPに戦々恐々としているのはアジア各国であると考えた方がよいでしょう。

最終的にTPPは米国抜きという形で合意に達しましたが、米国が抜けても日本のGDPシェアは5割を超えています。日本にとって有利という状況は変わっていません。**日本がTPPのメリットを十分に生かすためには、アジア地域で生産した方が有利になる製品は徹底的に輸入し、自身は高付加価値な分野に特化するという流れを作ることです。**

こうした状況に持ち込むことができれば、日本株は長期的な成長が見込めます。**TPPによって、日本のGDPは8兆円ほど押し上げられる可能性が高く、筆者の試算では日経平均株価は2割ほど高くなります。**今後、米国が加入するような状況となれば、その効果はさらに高まることになるでしょう。

儲かるまとめ

（経済学のキホン）

●自由貿易による分業はすべての国にとってメリットがある

●他国より劣っている分野でも、自国の中でより得意な分野に集中すれば、全体の生産は拡大（比較優位説）する

●一方で自由貿易には分業が過度に進むリスクもある

【儲かるポイント】

●ＴＰＰなどの自由貿易協定は比較優位説が前提になっている

●ＴＰＰは基本的に日本にとって有利な内容

●米国抜きでも日経平均が２割上昇する潜在力を持つ

経済学のキホン17

「経常収支」と「金融収支」は一致する

外国との取引によって、いくら受け取って、いくら支払ったのかを示しているのが国際収支です。日本のような国は貿易で経済を成り立たせていますから、国際収支については特に注意を払っておく必要があるでしょう。

単に複式簿記の話をしているだけ

国際収支には大きく分けて2つの種類があります。ひとつは「経常収支」でもう1つは「金融収支」です。

経常収支は、貿易などによるやり取りを示したものです。

もう少し細分化すると、**経常収支は、モノやサービスのやり取りを示す「貿易収支」と、利子や配当による収支を示す「所得収支」に分かれます。**モノやサービスを外国に売れば貿易収支が黒字（プラス）となり、利子や配当を受け取れば所得収支が黒字というわけです。

一方、金融収支は、保有する資産や負債の増減に伴う収支です。つまり資産や負債が増えたのか減ったのかという話です。資産が増えれば金融収支は黒字（プラス）で、資産が減れば金融収支は赤字（マイナス）となります。

国際収支の定義上、経常収支と金融収支は必ず一致します。つまり、貿易でのお金の出入りと金融でのお金を出入りは表裏一体なので、両者の数字は必ず同じになるのです。例えば、貿易収支が黒字の場合には、受け取った代金は外貨ですから、同じ金額だけ外国の資産が増えたと考えます。金融収支はその増加分をプラスと記載しますから、両者は同じ金額になります。

逆に、貿易収支が赤字の場合には、貿易赤字の分だけお金が出ていくことになり、その分だけ保有している資産が減少しますから、金融収支は赤字です。この他、無償援助など対価を伴わない取引などが含まれる資本移転等収支というものがありますが、とりあえずは無視して構いません。

経常収支の金額と金融収支の金額が一致するというのは、国際収支の定義ですので、い

図17

貿易が盛んな日本では国際収支が重要

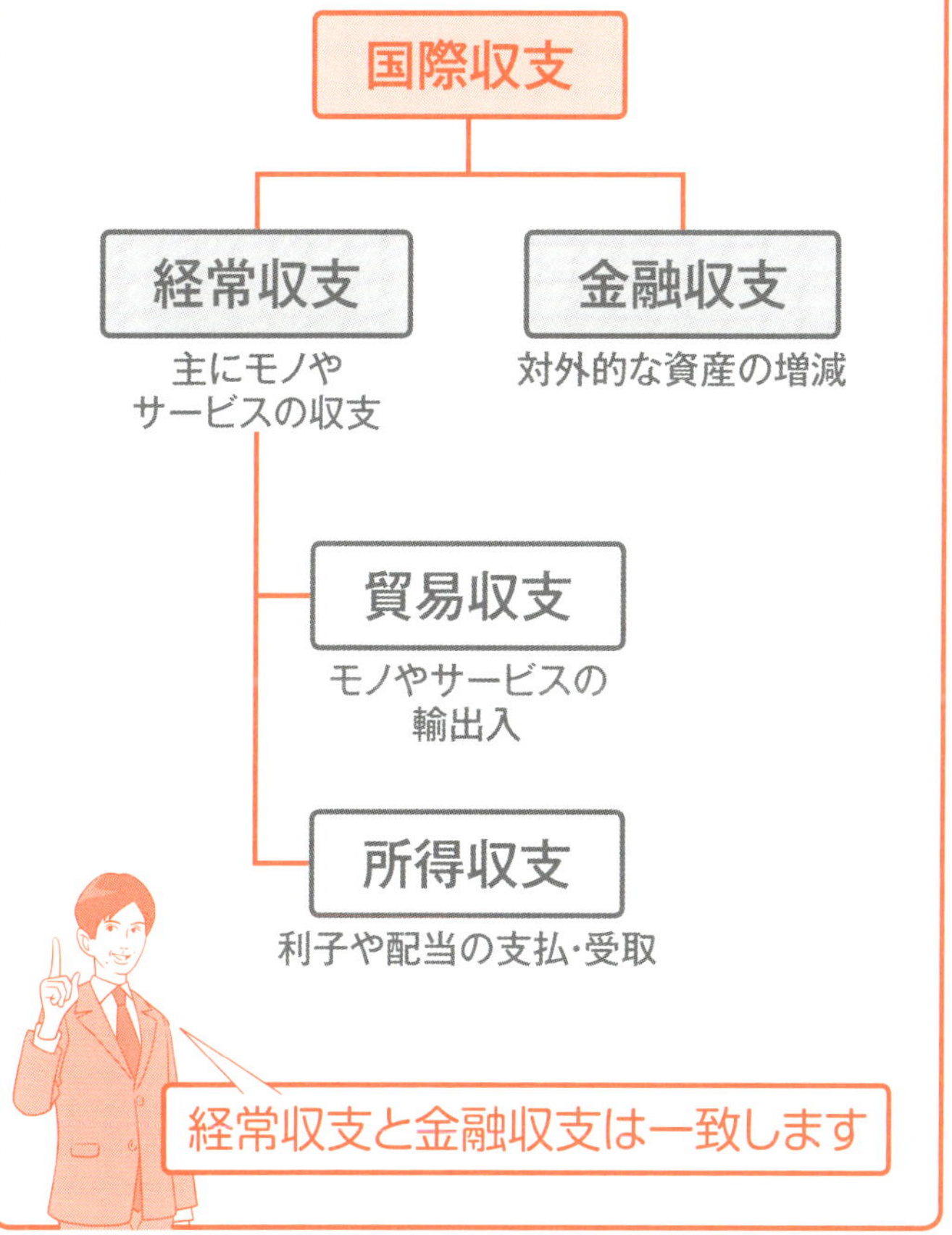

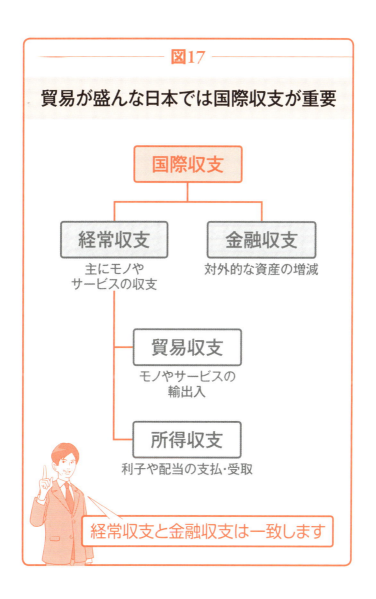

かなる時でも必ず成立します。

この話は会計で用いられる複式簿記と同じと考えればよいでしょう。

豊かさはGDPの増減で決まる

企業の会計では、PL（損益計算書）とB/S（貸借対照表）の2つを用います。製品を販売するとその分がPLに計上され、同時にB/Sの現金の項目が増加します。損益計算書上の利益と増加した現金の額は常に一致することになります。

経常収支と金融収支が一致するというのは、損益計算書の収支が、貸借対照表の資産増加分に一致するということであり、ストックの増加分とフローが一致するという当たり前の話をしているに過ぎません。


話が少しそれましたが、結局のところ、国際収支というのは、貿易やお金の貸し借りによって、いくらお金が増減したのかを示したものということになります。

しかしながら、その国が豊かかどうかは、基本的にGDPの増減で決まります。**貿易黒**

字であってもＧＤＰが順調に増えていなければ豊かさを実感できませんし、逆に赤字でもそれがＧＤＰの成長につながっていれば豊かな生活を送ることができます。単純に黒字になると豊かになり、赤字になると貧しくなるという話ではないことに注意する必要があります。

儲かるポイント17

トランプの敵対的な通商政策の影響

トランプ政権は、中国や日本に対して貿易赤字の削減を強く求めています。

背景となっているのは、貿易赤字の削減が米国経済の成長につながるという考え方で、これは通商政策の司令塔となっているロス商務長官などが主張しています。しかしながら、本書でも解説してきたように、貿易赤字の削減が直接、経済を成長させるというのは、経済学では主流の考え方ではありません。

輸入を意図的に減らした場合はどうなる？

ここでトランプ政権の経済政策が主流の経済学と相容れないという話をしても、あまり意味はないでしょう。投資家としては、それを前提に自身の投資行動を決める必要があるからです。

トランプ政権がこのまま中国や日本に対して敵対的な通商政策を推し進めた場合、どのようなことが起こるのか、経済学的に考えてみましょう。

米国がたくさん商品を輸入しているのは、米国経済の需要が供給よりも大きいからです。米国の消費者は所得も高く、消費意欲が旺盛です。自国で生産できないものは、他国から調達することで、その需要を満たしています。多くの場合、付加価値が低く、他国で作った方が安上がりになる商品を輸入しています。

これは米国人の消費意欲の高さから来ているものなので、すぐに消費が減少する可能性は低いと考えられます。**また米国は人口がどんどん増えていますから、消費はさらに拡大する可能性が高くなっています。**

この状態で特定の商品に関税をかけて、輸入を意図的に減らした場合にはどのような現象が起こるでしょうか。

関税の対象となった製品の輸入は当然、減少することになりますが、この製品を輸入していた企業には2つの選択肢が出てくることになります。ひとつは国内産の製品に切り替えるというもの、もうひとつは別の国からの輸入に切り替えるというものです。

実際にはその両方が同時発生すると思いますが、他国に同じ商品があった場合には、そちらに切り替えるだけになるので輸入の総額は変わらないことになります。

一方、国内産に切り替えた場合、たいていの場合、それは輸入品より価格が高いですから、米国の物価には上昇圧力が加わります。

投資スタンスを大きく変える必要はない

物価が上昇すると、金利も上がりやすくなりますから、ドルも上昇しやすくなるでしょう。ドルが上がると輸入に有利になりますから、これは輸入を増やす効果をもたらしてしまいます。

中国など貿易相手国から見ても状況は同じになります。

米国に対する輸出が減れば、輸出の対価として受け取るドルも減ります。自国通貨に両替するためのドル売りも減少する可能性があるので、やはりドル高要因となるわけです。

結局のところ全面的な貿易制限が長期にわたって継続しない限り、米国の輸入が大きく減ることはないでしょう。

トランプ政権が全面的な貿易制限といった無茶な措置を発動しない限り、投資スタンスを大きく変える必要はないと考えます。

儲かるまとめ

（経済学のキホン）

- 国際収支は経常収支と金融収支に大別できる
- 定義上、両者の数字は一致する
- 国際収支とＧＤＰの成長率は直接関係しない

【儲かるポイント】

●関税措置が発動されたが、今のところ、状況が大きく変わる可能性は低い

●全面的な貿易制限にならない限り、投資スタンスの変更は必要ない

知っているようで知らない「一物一価の原則」

外国との取引について考える場合、避けて通れないのが為替です。為替は、様々な要因で動いていますから、何によって為替が決まるのか単純に判断することはできません。しかしながら、**長期的に見た場合に、為替は各国の物価水準によって決まることが知られています。**

ハンバーガーの価格で考えてみると…

為替と物価の相関性が高いことは、いわゆる「一物一価」の原理で説明することができます。これは、簡単に言ってしまうと、**物価が高い国の為替は安くなり、物価が安い国の為替は高くなるというシンプルな理屈です。**

一物一価に関してよく引き合いに出されるのが、各国のマクドナルドの価格を比較した、いわゆるビックマック指数でしょう。

もし、一物一価の原則が成立するならば、ある国のビックマックの価格が永遠に上昇することはあり得ません。**物価が上昇した国の通貨は下落し、物価が下落した国の通貨は上昇することで、最終的にビックマックの価格は一定レベルに収束することになります。**


例えば、米国で1個1ドルのハンバーガーがあったとします。この時、ドル円の為替レートは1ドル＝１００円と仮定します。日本でのハンバーガーの価格は当然ですが１００円ということになります。

もし、米国の物価が2倍になるとハンバーガーの値段は1個2ドルとなります。

ここで日米の為替レートが変わらない場合、日本で１００円を支払ってハンバーガーを買い、米国で2ドルで売れば、差額の1ドルが儲かってしまいます。この状態を皆が放置しておくわけがありません。

しばらくすると為替が円高に動き、1ドル＝50円になっているはずです。

そうなると日本で１００円のハンバーガー買うためには2ドル必要となり、米国で売っても2ドルですから利益にはなりません。つまり、ハンバーガーの同一価格が維持されるわけです。

つまり一物一価の原則では、物価が上がった国の通貨は安くなり、物価が下がった国の通貨は高くなります。

これはハンバーガーという単一の商品をベースにしたものですが、これをあらゆる商品の平均価格に当てはめ、為替に適用したものが購買力平価の為替レートということになります。

物価の影響で円高ドル安が続いた

購買力平価の為替レートは、長期的に見ると現実の為替レートと高い相関性を示しています。

日本はここ20年、ずっとデフレが続き物価が下がっていました。一方、米国の物価は一貫して上昇が続いていました。**その間、円高・ドル安が続いてきたのは、二国間の物価の乖離を為替レートが調整してきたからです。**

短期的には為替は様々な要因で動きますが、長期的には購買力平価に沿って動くケース

図18

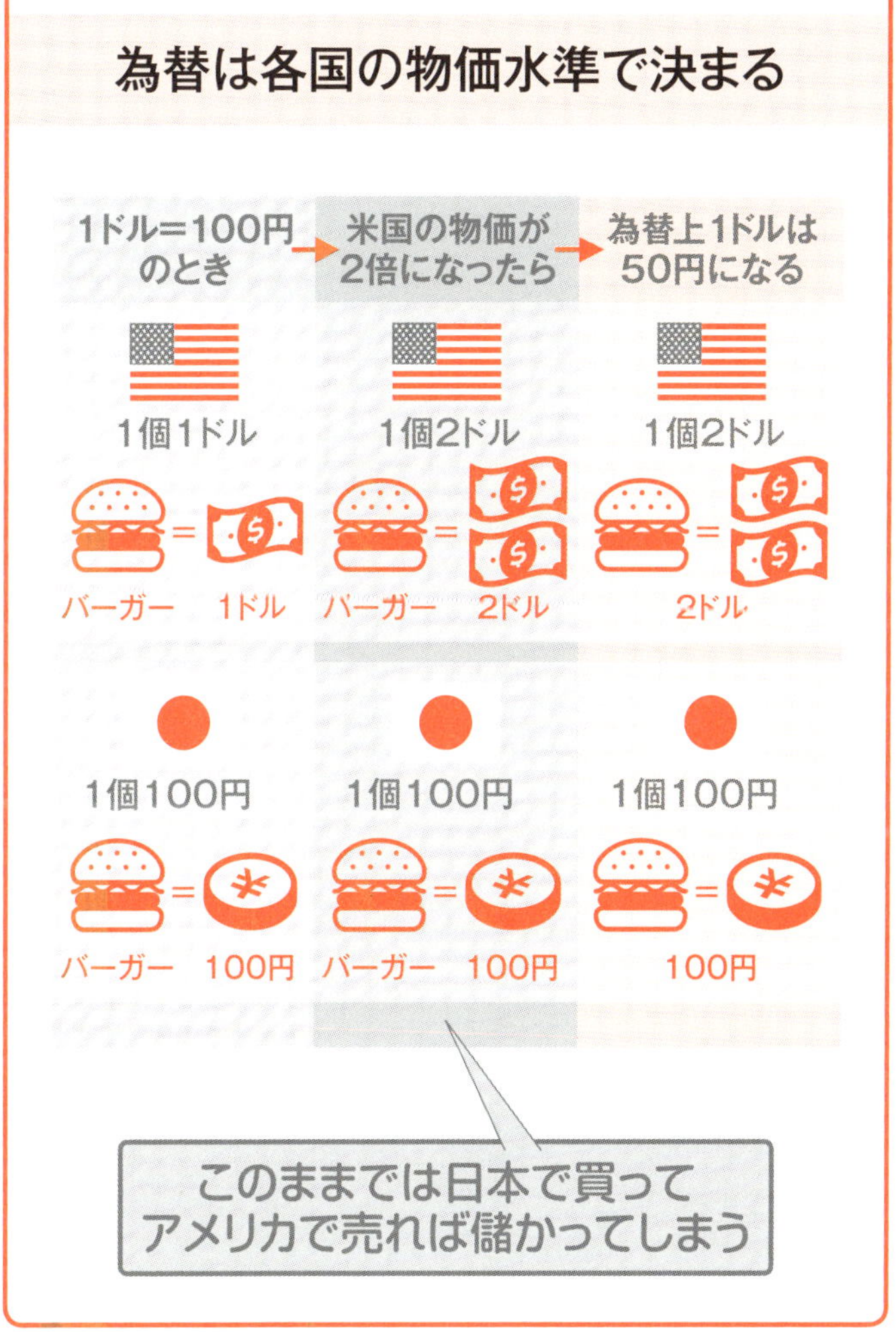
為替は各国の物価水準で決まる
1ドル＝100円のとき
米国の物価が2倍になったら
為替上1ドルは50円になる
1個1ドル
バーガー
1ドル
1個2ドル
バーガー
2ドル
1個2ドル
2ドル
1個100円
バーガー
100円
1個100円
バーガー
100円
1個100円
100円
このままでは日本で買って
アメリカで売れば儲かってしまう

が多くなっています。為替は金利によって動くとも言われますが、金利と物価には密接な関係があります。最終的には、為替は物価によって動くと考えて差し支えないでしょう。

儲かるポイント18

高金利の外債投資はおススメか？

日本では長く低金利が続いてきたことから、高利回りの外国債が投資家の間では人気となっています。

トルコやブラジルなど新興国の通貨で発行されたものは高利回りとなっていることが多いですから、一部の投資家にとってはかなり魅力的に映るようです。

しかしながら、**一物一価の概念を理解していれば、こうした商品が必ずしも有利であるとは限らないことが分かると思います。**

条件付きで100%儲かる商品とは?

ある新興国の債券の利回りが7%だと仮定しましょう。

格付けの高い国際金融機関などが発行していれば、日本国債と同様、償還されないという可能性はほぼゼロといって差し支えありません。

そうなると、リスクは同じくらいなのに、利回りが高く、とても有利な商品に思えてきますが、現実にはそれほどでもないことがほとんどです。

その理由は、金利が高い通貨はたいていの場合、インフレ率が高く、その分だけ為替が安くなる可能性が高いからです。

ある新興国の債券の利回りが7%だったということは、その国では、毎年7%程度の物価上昇、つまりインフレが発生しているということになります。

もし、その国の通貨と日本円の為替レートが変わらなければ、その国で運用して日本にお金を戻せば100%利益が得られる計算です。

有利な状況はすぐ打ち消されてしまう

しかしここで登場してくるのが先ほどの一物一価の法則です。現実には、こうしたオイシイ話は市場では放置されません。

インフレで物価が上昇する分、その国の通貨は売られ、日本円が買われますから、為替レートで調整されてしまい、結局のところ、得られる利益はあまり変らないことがほとんどです。

これはあらゆる投資商品に共通ですが、**ある商品だけが他の商品に比べて圧倒的に有利ということは原則としてあり得ません。**もしそのような状況が生じた場合には、それを打ち消すような取引が行われてしまい、そのチャンスはすぐに消滅してしまうからです（これを金融理論では裁定取引とよびます）。

まれに、為替市場がセオリーとは別の動きとなり、予想外に儲かるということもあるかもしれませんが、それはあくまで例外と思ってください。

金利の高い外貨預金も基本的には債券と同じです。金利が高い国はインフレ率が高いですから、為替は下がる可能性が高いと考えて差し支えありません。その中で、うまく通貨高になるケースがあれば大きく儲けられますが、それはむしろ例外的なパターンといってよいでしょう。

これに加えてマイナーな通貨が関係する商品の場合、手数料が高額になる傾向が顕著です。 困ったことに、為替の手数料は、手数料という形では明示されておらず、為替レートの中で調整されてしまいますから、いくら手数料がかかっているのか、すぐに計算できないことがほとんどです。

ドルやユーロではなく、新興国の通貨に投資する場合には、物価動向など、その国の経済についてよく理解してからにすべきでしょう。

儲かるまとめ

（経済学のキホン）

- モノの値段には一物一価の法則がある
- これを為替に応用したのが購買力平価

●長期的に見ると為替は購買力平価に一致する。つまり為替は物価で決まる

【儲かるポイント】

●外債には高利回りの商品が多いが、金利だけに惹かれて購入することは避けた方がよい

●金利が高いということはインフレ（物価上昇）になりやすいということであり、為替は安くなる可能性がある

●為替を考慮すると、それほど魅力的な商品とは言えないケースが多い

（経済学のキホン19）

経済成長はカネ、ヒト、テクノロジー

これまで説明してきた経済分析の手法は、比較的、短期の動きに焦点を当てたものです。**金利が下がると投資が増えて、ＧＤＰが増えるというのは、短期的な経済の動きを示す典型的なパターンです。**

しかし、こうしたモデルでは長期的な成長の原動力がどこにあるのかまでは説明できません。**こうした長期的な経済成長に対するひとつの見方を示しているのが、「経済成長理論」と呼ばれるものです。**

人を増やすのか、設備を増やすのか

経済学の世界では、生産力を決める要素は大きく分けて3つあると考えます。

ひとつは資本（お金）、もうひとつは労働（人）、最後はイノベーション（技術革新）で

す。極論すると、たくさんお金を投じて、人が働き、そこにイノベーションが加わると経済は大きく成長します。

しかしながら、むやみにお金や人を投じればよいというものではありません。

例えば、企業が生産を拡大しようとする場合、人を増やすのか、設備を増やすかの選択を迫られることになります。そこで設備を2倍にすれば生産量が2倍になるのかというとそうはいきません（製品が売れなかったという話はここでは無視します）。設備を増やしても、動かす人が足りないと、効果が薄れてきてしまうのです。

これは企業のＩＴ化を想像すれば分かりやすいでしょう。

最初は2人に1台しかパソコンがなかったところに、追加で投資を行って1人1台にすれば作成できる提案書の数は増えます。

しかし、1人2台になったとしても、提案書がさらに2倍に増えるわけではありません。機械も人が動かすものである以上、その機械が十分に稼働できるよう人を雇う必要が出てきます。つまり、人と機械は相互に投入しなければ順調に生産を拡大することはできないわけです。

図19

経済の成長は3つの要素で決まる

経済成長を決める3要素

資本 K ＋ 労働 L ＋ イノベーション TFP（全要素生産性）

数式で表すと

$$Y\text{（生産量）} = AK^{(\alpha)}L^{(1-\alpha)}$$

K 資本

L 労働量

A イノベーションの度合い（定数）

α 資本分配率（定数）

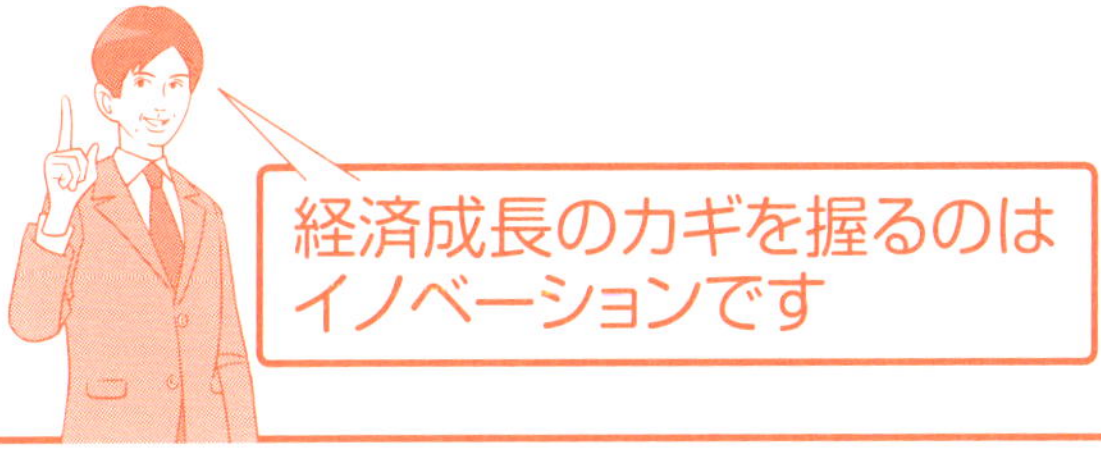

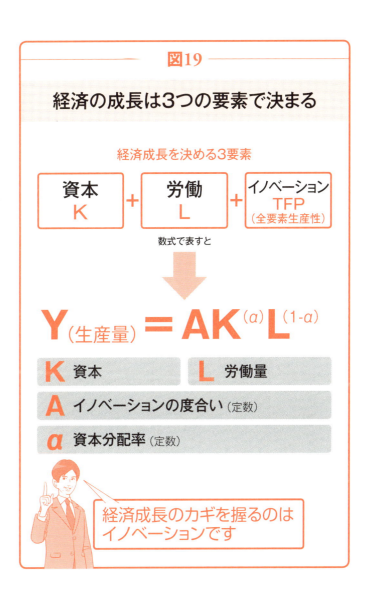

最後はイノベーションで決まる

この状態を数式で示したものが生産関数です。 生産関数にはいろいろなパターンがあるのですが、もっとも多く使われているのはコブ・ダグラス型関数と呼ばれるものです。この式で、Kは資本（設備投資）、Lは労働量（従業員の労働）、αは資本分配率を示しています。

資本分配率と労働分配率は対称関係にありますから（1－α）は労働分配率を示しています。Aは全要素生産性と呼ばれ、イノベーションの度合いを示します。

この式にいろいろな数字を当てはめてみると、資本を増やしたり、労働を増やしていくと、最初は生産量が伸びるものの、やがてその伸びが鈍化してくるような曲線を描くことが分かります。

ここで重要な意味を持ってくるのがイノベーションです。より少ない労働で同じ機械を動かせるのであれば、資本を投じてたくさんの機械を設置することで生産を飛躍的に伸ばすことができます。**最終的に経済成長のカギを握っているのは、このイノベーション（全**

要素生産性）なのです。

整理すると、お金や人が豊富でイノベーションが活発な国がもっとも経済が成長するということになります。

儲かるポイント19

AI社会の到来で株価は上がるか？

AI（人工知能）社会の到来が目前に迫っていますが、社会がAI化された場合、経済や株価はどうなるのかというのは一大関心事といってよいでしょう。

経済成長に関する基本的な理屈が分かると、社会のAI化で何が起こるのかについてある程度、推測できるようになります。

生産力は上がるが需要はどうなる?

社会のＡＩ化が進み、業務のかなりの部分がＡＩやロボットに置き換えられた場合、**企業は積極的にＡＩへの投資を行い、労働者への依存度を減らしていくはずです。**人よりも機械の方が扱いやすいですし、コストも一定で済みます。

そうなると**経済全体おける労働分配率が著しく低下し、逆に資本分配率が増加することになるでしょう。**

これを先ほどの生産関数に当てはめると、労働分配率が著しく低下した場合、生産力のグラフはかなり直線に近くなってきます。**つまり、ロボットやＡＩに追加投資をした分がそのまま生産拡大につながり、企業は半ば無制限に生産量を拡大できるという解釈が成り立ちます。**

もちろん現実には、すべての労働をＡＩで代替することはできませんが、理屈の上ではそうした状況が起こり得るわけです。ここで重要となるのが需要です。

いくら生産力が無限になっても、そこで生まれた製品やサービスを使う人がいなければ経済は成長しません。

しかしながら、ＡＩ経済の世界では、多くの労働者が不要となりますから、得られた付加価値を受け取る国民の数が減ってしまうことになります。極論すれば、ＡＩに投資をした投資家だけが配当などの利益を受け取ることになるでしょう。

“富の再分配”で株価は大きく上がるはず

所得を得る国民が減ってしまうと、今度はＡＩを使って生産した製品やサービスを購入する人がいなくなってしまいます。つまり需要が一気に減ってしまうのです。

こうした状況が想像されることから、一部の識者は、**AIが生み出す利潤を何らかの形で国民に再分配する機能が必要と主張しています。**具体的にはベーシックインカムなどの制度です。

ベーシックインカムが実現するのかは分かりませんが、**もしAIが生み出した富を国民に再分配する機能があれば、国民は、多くの時間を消費に使うことができるので、1人あたりの需要は飛躍的に伸びると考えられます。**

そうなってくると従来の常識では考えられなかった水準で、需要と供給が拡大することになり、企業の株価も大きく上昇するでしょう。

株式投資におけるＡＩの影響は、短期的にはＡＩ化によって労働者をどれだけ削減し、利益を上げたのかという部分が焦点となります。しかし、ＡＩ化がある程度進めば、ＡＩを導入して人件費を減らすのは当たり前となり、株価もそれを織り込んでくるはずです。中長期的には、国民の所得がどう推移するのかといったマクロ的な影響の方が大きくなってくるでしょう。

ＡＩ化の進展は予想以上に早い可能性がありますから、投資家は、今から心の準備をしておいた方がよさそうです。

儲かるまとめ

〈経済学のキホン〉

- 経済成長（生産力）を決めるのは、資本、労働、イノベーションの3要素
- 人口減少はマイナス要因だが、イノベーションが活発であれば、これをカバーできる

【儲かるポイント】

●社会がＡＩ化すると、労働の比率が低下し、資本（ＡＩへの投資）の比率が高くなる。つまり労働者への還元が少なくなる

●投資のリターンはＡＩからのものが主流となるので、投資もその分野にシフトする必要がある

●所得の再分配を実現できれば、経済や株価に好影響となる可能性が高い

おわりに

経済学の知識があれば**未来を予測**できる

トランプ政権が中国に対する関税措置を発動し、中国が即座に報復措置を実施したことで、米中両国は事実上の貿易戦争に突入しました。

両国のＧＤＰは巨額ですから、現時点では、貿易戦争によって経済が失速するような状況にはなっていません。

しかし、関税の対象となる製品がさらに拡大したり、関税措置が長期化、あるいは恒常化した場合には、ジワジワと経済への影響が顕在化してくるはずです。

保護主義はむしろ強化される？

中間選挙が終わればトランプ大統領のスタンスも軟化するとの読みもありましたが、必ずしもそうとは言い切れません。**選挙の結果、下院を民主党が制するという「ねじれ」をもたらしましたが、これが逆効果になる可能性があるからです。**

民主党と共和党を比較した場合、もともと自由貿易に積極的だったのは共和党であり、どちらかというと民主党の方が保護主義的でした。共和党の主流派はトランプ氏が大統領なので渋々、保護主義を認めているに過ぎません。

ここで民主党が下院を制するということになると、通商政策は非常にやっかいな状況となります。

トランプ氏は今後、移民政策などについては民主党にある程度、妥協する必要に迫られるでしょう。

しかし、保護主義については、むしろ民主党内に支持者がいるという状況です。次の大統領選挙を意識した場合、トランプ氏は民主党との政策協力を得やすい保護主義を全面に押し出してくる可能性があります。

そうなった場合、中国との貿易戦争はより長期化することになるでしょう。

筆者は本書において、トランプ政権の誕生によって、短期的には米国経済の成長が加速するのは確実だったという話をしました。実際、その見立て通りに経済は動きましたが、あくまでこれは短期的なシナリオです。

貿易戦争が長期化した場合には、米国や中国、そして世界の景気にはマイナスの影響が及ぶことになるでしょう。株式市場や債券市場には、すでにその兆候があらわれている可能性があります。ヒントとなるのは金利です。

今後の世界経済を左右するのは米国の金利

米国の長期金利は、しばらく2・4%前後で推移してきましたが、2018年に入って上昇ペースが加速。9月には節目とされた3%を突破しました。

本書でも解説したように、長期金利は、その国の長期的な経済成長率とほぼ一致します。

教科書的に解釈すれば、好調な経済指標を受けて株高が進み、将来の成長を見込んで金利が上昇したという話になるでしょう。

この解釈は大筋では正しいと思いますが、別の見方も可能です。

リーマンショック後、米国経済は順調に回復し、株価も一貫して上昇を続けてきましたが、相場には寿命というものがあります。**そろそろ一本調子の株価上昇が踊り場に差し掛かってもおかしくない時期です。**しかも、こうしたタイミングで米中貿易戦争の長期化が懸念される状況となってきました。

最近の金利上昇が、単に米国経済の持続的な成長期待を示しているのではなく、貿易戦争による物価上昇など、マイナスの影響を織り込み始めた結果だとするならば、今後のシナリオも変わってきます。

慌てて行動する程の状況ではありませんが、**米国経済の先行きについては、以前より慎重になっておく必要がありそうです。**実際、筆者も米国株の一部は売却し、米国債や社債などインカムゲイン商品への転換を徐々に進めています。

仮に米国の景気が足踏み状態となった場合、もっとも大きな影響を受けるのは実は日本

経済です。

日本の製造業は米国市場に過度に依存しており、米国での売れ行きが悪くなると会社全体の業績に悪影響が及びます。**日本の株価は米国に引っ張られる形で順調に上がってきましたが、そろそろ潮目が変わるタイミングかもしれません。**

国内の経済政策も曲がり角に差し掛かっています。

市場に大量のマネーを供給してインフレ期待を発生させるという量的緩和策は、当初は効果を発揮しましたが、その後は物価上昇ペースが鈍化。日銀は事実上の政策変更を迫られています。

米国だけでなく、日本の長期金利にも上昇の兆しが見えてきており、今後、金利が不安定化する可能性も否定できないでしょう。

最後の拠り所となるのは経済学

経済に対する不透明感がにわかに高まっているわけですが、こうした時にも、経済学の知識は頼りになります。

短いタームでは市場は様々な動きを見せますが、長いタームでは、たいていの場合、経済学の基本ルールに沿って動いていきます。

今後、米国の金利がさらに上昇した場合には、日本の金利もそれにつられて上がっていく可能性が高いでしょう。金利の上昇は、本書でも説明した通り、設備投資にマイナスの影響をもたらします。

金利が上昇すると、政府の利払い費が増加しますから、財政出動もより困難になる可能性が高いと考えられます。設備投資と財政出動の両方が縮小するので、ＧＤＰにとっては逆風です。

一方、金利の上昇が限定的であれば、もうしばらく米国の好景気が続く可能性もあります。いずれにせよ、今後しばらくの間、米国の金利が、世界経済のカギを握ることになるのはほぼ間違いないでしょう。

経済は生き物ですから、時に想定外の事態が発生することもあります。

しかし、どのような状況になっても、経済学に対する基礎的な知識があれば、慌てる必要はありません。

もし景気に大きな変動が発生した時には、一度、深呼吸して本書を読み返してください。どこかに必ず、次の行動のヒントが見つかるはずです。

本書はクロスメディア・パブリッシングの坂口雄一朗編集長の尽力で完成しました。この場を借りてお礼を申し上げます。

加谷珪一